Thomas Mayer

Schriftenreihe des Sächsischen Landesbeauftragten für die
Unterlagen des Staatssicherheitsdienstes der ehemaligen DDR

Band 14

Thomas Mayer

Der nicht aufgibt

Christoph Wonneberger – eine Biographie

EVANGELISCHE VERLAGSANSTALT
Leipzig

Bibliographische Information der Deutschen Nationalbibliothek

Die Deutsche Nationalbibliothek verzeichnet diese Publikation in der
Deutschen Nationalbibliographie; detaillierte bibliographische Daten
sind im Internet über http://dnb.dnb.de abrufbar.

© 2014 by Evangelische Verlagsanstalt GmbH · Leipzig
Printed in Germany · H 7710

Das Buch wurde auf alterungsbeständigem Papier gedruckt.

Gesamtgestaltung: behnelux gestaltung, Halle/Saale
Coverbild: Christoph Wonneberger © Andreas Döring
Druck und Binden: Druckhaus Köthen GmbH & Co. KG

ISBN 978-3-374-03733-9
www.eva-leipzig.de

Inhaltsverzeichnis

»Ich habe gelernt von Gandhi, wie gewaltfreie Aktion funktioniert. Damals in Indien. Ich lernte von Martin Luther King, zehn Gebote für die Bürgerrechtsbewegung. Damals in den USA.«

Christoph Wonneberger, 2012 in Leipzig
in einer Debatte mit Jugendlichen
im Zeitgeschichtlichen Forum

Eine Sternstunde

»Wonni«, so nennen ihn zu gern seine Freunde, ist eine der Schlüsselfiguren der Friedlichen Revolution im Herbst 1989. Christoph Wonneberger und seinesgleichen schrieben Geschichte. Und die ist signifikant an einem Montag im beginnenden Revolutionsherbst 1989 festzumachen. Am 25. September ist wie üblich zu Wochenbeginn Friedensgebetszeit in St. Nikolai im Herzen von Leipzig. Die Andacht gestalten diesmal die Bürgerrechtsgruppe Menschenrechte und Christoph Wonneberger, Pfarrer der Lukaskirche in Leipzig-Volkmarsdorf. In überdeutlichen Worten sprechen Wonneberger und seine Mitstreiter der Leipziger Bürgerrechtsgruppen über die Lage im Land, die geprägt ist von innerem und auch äußerem Aufruhr und immer mehr von Angst.

Nikolaikirchen-Pfarrer Christian Führer begrüßt die Teilnehmer des Friedensgebets, er verweist darauf, dass die Kirche wegen Überfüllung geschlossen werden muss und draußen unzählige Menschen stehen. Wonneberger sagt wenig später in seiner Predigt: »Mit Gewalt, so der Friseurgehilfe, das Rasiermesser an meiner Kehle, ist der Mensch nicht zu ändern.« Lachen und Beifall. Wonneberger weiter: »Mit Gewalt ist der Mensch durchaus zu ändern. Mit Gewalt lässt sich aus einem ganzen Menschen ein kaputter machen.« Immer wieder Beifall. Man denkt jetzt im Kirchenraum vor allem an die inhaftierten Freunde, die in den vergangenen Tagen und Wochen, wie es im Stasi-Jargon heißt, »zugeführt« wurden und in U-Haft sitzen. Wonneberger: »Wer Gewalt übt, mit Gewalt droht und sie anwendet, wird selbst Opfer der Gewalt. Wer das Schwert nimmt, wird durch das Schwert umkommen. Wer die Kalaschnikow nimmt, hat mit einem Kopfschuss zu rechnen. Das ist nicht begrüßenswert, ich finde, das ist einfach so. Wer eine Handgranate wirft, kann gleich eine Armamputation einkalkulieren. Wer einen Bomber fliegt, erscheint selbst im Fadenkreuz. Wer einen

Gummiknüppel schwingt, sollte besser einen Schutzhelm tragen. Wer andere blendet, wird selbst blind. Wer andere willkürlich der Freiheit beraubt, hat selbst bald keine Fluchtwege mehr.«

Langer Beifall. Predigt, Gebet und Segen. Nach einer Stunde fassen sich die Menschen an den Händen und singen in der Nikolaikirche Pete Seegers Protestsong »We Shall Overcome«. Man zieht nach draußen, weitere tausende Menschen schließen sich an. Jetzt wird die »Internationale« angestimmt. Der Zug mit über 4000 Demonstranten bewegt sich Richtung Hauptbahnhof. Der Spruch »Neues Forum zulassen« erklingt. In einem Dokument der SED-Bezirksleitung Leipzig ist später von »Verkehrsstörungen« die Rede. Die Bewegung wäre nur durch den Einsatz von polizeilichen Hilfsmitteln zu verhindern gewesen, was aber nicht geschah. Die Staatsmacht wird überrascht von den Menschen auf der Straße. Während der Leipziger SED-Stadtleitungssitzung vom 28. September hält der 1. Sekretär Joachim Prag eine Rede, er sagt über das Friedensgebet vom vergangenen Montag: »Pfarrer Wonneberger hat sozusagen die Predigt gehalten. Mit solchen Worten: Wer den Knüppel nimmt, muß selbst den Helm aufsetzen … Menschen werden furchtbar aufgewiegelt und erhalten in der Kirche Verhaltensmaßregeln.«

Die Friedliche Revolution nimmt ihren Lauf, obwohl die SED-Mächtigen noch nicht willens sind, von der Macht zu lassen. Über mutige Leute, die dieser Zeitenwende ihre menschliche Dimension gaben, ist viel geschrieben worden. Über einen allein muss aber endlich geschrieben werden. Über »Wonni«, über Christoph Wonneberger. Er ist bereit, sich zu erinnern. Freunde und Mitstreiter bestätigen ein Vierteljahrhundert nach einer noch heute kaum fassbaren Zeitenwende, die vor allem von Sachsen aus und in den Städten Leipzig, Dresden und Plauen ihren Ursprung hatte: »Wonni lehrte uns in tiefsten Zeiten der Diktatur demokratisches Verhalten, begeisterte uns für Freiheitsdenken und nahm uns die

Angst vor einem allgegenwärtigen Geheimdienst.« Ein Buch über Wonneberger ist auch eins über Freunde, Familienangehörige, also über Weggefährten, die ihn in seinem Leben begleitet haben. Geschichte wird in Geschichten reflektiert, und in Gesprächen werden Erinnerungen wach, die zwar schon 25 Jahre und älter sind, aber dennoch so authentisch präsent, als wären sie erst gestern geschehen.

»Wonni« ist so frei

An einem Abend im Herbst 2012: Der Lions-Club »9. Oktober 1989« will an diesem Abend seinem Namen Ehre machen und hat sich Christoph Wonneberger als Gast eingeladen. Der Pfarrer i. R. erzählt im Vortragssaal der Leipziger Stasi-Unterlagenbehörde fast humorvoll aus seinem Leben. Die Zuhörer, meist alt-westdeutscher Herkunft, sind von Wonneberger auf eine besonders persönliche Art positiv eingenommen. »So authentisch haben wir die Geschichte der Friedlichen Revolution bisher noch nicht gehört«, heißt es später. Wonneberger spricht ja auch wie ihm der Schnabel gewachsen ist. Natürlich frei, mitunter fehlt ihm jedoch das passende Wort, was aber nicht seiner Aufregung, sondern den Nachwehen eines Gehirninfarktes geschuldet ist. Der Zusammenbruch hatte ihn am 30. Oktober 1989, einem Montag mit 300.000 demonstrierenden Menschen in Leipzig, unvermittelt getroffen. Wonneberger ist nun nach Jahren der mühsamen, aber doch fast vollständigen Gesundung wieder resolut genug, sich aus den sporadisch auftretenden Nachwehen nichts zu machen. Er hat vor allem seine Courage zurückgewonnen, um sich in der Öffentlichkeit zu präsentieren. Er nimmt sich die Freiheit und traut sich wieder was. Das beeindruckt die Zuhörer genauso wie seine Geschichte(n), die er authentisch erzählen kann.

Frei sein. Das war und das ist nun mal Wonnebergers Lebensmotto. Er sagt mit tiefer Überzeugung und dabei

Die St.-Trinitatis-Kirche im erzgebirgischen Wiesa, an der Christoph Wonnebergers Vater als Pfarrer wirkte.

durchaus doppeldeutig: »Ich bin so frei.« Das ist schon so
in Wiesa im Erzgebirge, wo er 1944 geboren wird. Sein
Vater Erhard Wonneberger ist hier Pfarrer in der evange-
lisch-lutherischen Gemeinde nahe Annaberg-Buchholz
und als Seelsorger vom Fronteinsatz verschont geblieben.
Er ist ein Theologe, dem die »Bekennende Kirche« von
Karl Barth nahe ist. Der Krieg ist hier oben in der sächsischen Provinz bei weitem nicht so gegenwärtig wie in
den großen Städten.

Streng geht es bei den Wonnebergers zu, was schon bald
Christophs Trachten nach Unabhängigkeit, seinem Drang
nach Freiheit entgegenläuft. »Vater wollte, dass aus mir was
wird. Zu seinem großen Ärger hatte ich mir das aber nicht
so zu eigen gemacht. Seine Vorstellungen von einem Muster-
schüler gingen mir zunehmend auf die Nerven. Ich habe
stattdessen oft behauptet: Schularbeiten? Die gibt es nicht -
und bin dann lieber mit meinen Kumpels durch die Gegend
gezogen«, erinnert sich Wonneberger an die Ursprünge eines
Lebens, oft im Widerspruch.

Christoph war schon als Kind unternehmungslustig.

Die Hausaufgaben hat Christoph lieber zehn Minuten vor Unterrichtsbeginn abgeschrieben. Clique statt Aufsatz. Klassenleiterin Nietzoldt nicht nur einmal: »Der Christoph – das ist ein so richtiges verbummeltes Genie.« Die Schule meist nur nebenbei. Erst im Gebirge und dann auch während der Schuljahre in Chemnitz / Karl-Marx-Stadt, wohin es Christoph Wonneberger Anfang der 1950er Jahre verschlägt, weil dem Vater das Amt des Stadt-Jugendpfarrers übertragen wird. Christoph bleibt sich auch in der großen Stadt treu, er ist ein umtriebiger Junge: »Als Kind haben wir sowas wie Krieg gespielt. In Siegmar bei Chemnitz, wo ich zu Hause war, gab es eine Metallfabrik. Wir klauten hier Stahlkugeln und zerschnitten für unsere Katapulte die Reifen der Maschinen, die auf dem nahen Flughafen geparkt waren. Das war der beste Gummi, den es gab. Der hatte richtig Bums, wahre Geschosse flogen durch die Luft. Dass niemand ernsthaft zu Schaden kam, war ein Wunder.« Christoph, klein und schnell, ist nicht der Anführer der Vorstadt-Gang, aber er will sich den Älteren und Größeren beweisen. Eines Abends ist er auch dabei, als alle öffentlichen Glühlampen im Wohngebiet kaputtgeschossen werden. Siegmar liegt im Dunkeln. Die Bande fühlt sich ganz groß.

Vater Wonneberger bekommt von Christophs Umtrieben nur selten etwas mit. Es gibt die eine oder andere Vorladung in die Schule. Der Nicht-Musterschüler ist zwar ganz gut in Mitarbeit und in seinen fachlichen Leistungen, in Betragen setzt es aber schon mal eine Vier. Schule mit links, lieber das tun, was nicht die Norm ist, lautet seine Devise. An einem Abend, Christoph ist 14, klettert er mit einem Seil vom Balkon herunter, um in der Stadt den neuesten Film sehen zu können. Das dicke Seil hat er unter seinem Bett versteckt. Vom Balkon und zurück zu kommen, ist für den guten Turner kein Problem. Christoph fragt nicht, nimmt sich die Freiheit und tut das, was ihm wichtig erscheint. Wenn der Vater die Ausbrüche des Sohnes doch mitbekommt, gibt es nicht selten Prügel. Christoph revanchiert sich dann wieder auf seine Weise: »Ich habe ihm einfach was weggenommen, was ihn schmerzte.« Später, so will Wonneberger nicht verschweigen, habe man sich ausgesprochen und der eine dem anderen »verziehen«. Vater Wonneberger wurde 93 Jahre alt.

Christoph nimmt sich seine Freiheiten, gerade weil es die nicht gibt. Er reizt und reizt aus. Von vornherein den Kompromiss anbieten, ist selten seine Sache. So wird es bleiben. Sein Leben lang. Außer einer neuen Liebe fühlt sich auch der 70 Jahre alte Mann heute eigentlich zu nichts verpflichtet. Ist er ein Egoist? Wonneberger stutzt und lächelt. Er sei nun mal wie er sei.

Konfirmation statt Jugendweihe: Christoph Wonneberger wird 1958 in Karl-Marx-Stadt konfirmiert.

Schlosser bei Diamant

Es gibt in der DDR das ungeschriebene Gesetz, dass Kinder aus Pfarrersfamilien keinen Zugang zum Abitur bekommen. Auch auf die Wonnebergers trifft das zu. Vater Erhard setzt sich qua seines Kirchen-Amtes für seine Jungen ein, der Zugang zur Erweiterten Oberschule bleibt ihnen freilich trotzdem verwehrt. Christoph, der nicht die besten Zensuren und die Streber in seiner Klasse nicht zum Freund hat, stört diese Verweigerung nicht, ja, so eine Einstellung kommt ihm in seiner Überzeugung, das Leben (noch) nicht ernst nehmen zu wollen, sogar entgegen. Dem 14-Jährigen fehlt der Ehrgeiz. In der Ablehnung zum Besuch der Erweiterten Oberschule steht: »Die Erziehungsziele der Familie Wonneberger stimmen nicht mit den Zielen der Schule überein.« Der Junge besucht bis zum Abschluss der 10. Klasse die Polytechnische Oberschule in Karl-Marx-Stadt / Schönau. Er ist weder Pionier noch später Mitglied der Freien Deutschen Jugend (FDJ). Wenn das neue Schuljahr beginnt, wird ihm immer eine Frage gestellt: »Wirst du endlich einer von uns?« Die Antwort lautet jedes Mal: »Nein.«

Christoph ist 16. Von Lebensentwürfen noch keine Spur. Mit dem Vater als Pfarrer kennt er freilich das Leben in der Kirche und der Jungen Gemeinde sehr gut. Aber auch dabei ist er nicht besonders aktiv. Die Kirche ist ihm ganz einfach zu fromm, das für ihn fast schon Pietistische animiert ihn überhaupt nicht. Auch im Glauben spürt er vor allem eins haben zu wollen: Freiheit, vor allem auch die Freiheit im Kopf, im Denken. »Es lag für mich damals auch nicht nahe, einmal Theologie zu studieren.«

Da er technisch begabt ist, wird er lieber Lehrling im VEB Diamant Karl-Marx-Stadt und erlernt den Beruf des Maschinenschlossers. Die Ausbildung macht ihm Spaß. Noch kommen freilich seine eigentlichen Neigungen wie Sprache und Philosophie nicht zum Durchbruch. Ihm sei es wohl

Foto: privat / Archiv Wonneberger

Christoph Wonneberger als Lehrling im VEB Diamant in Karl-Marx-Stadt (vorn, 2. v. r.).

in jungen Jahren ein bisschen wie dem jungen Karl Marx gegangen: »Frühmorgens fischen gehen, am Mittag am Haus bauen und erst am Nachmittag Philosophie betreiben.« Und am Abend, so ist zu ergänzen – leben. Wonneberger braucht alles. Die sozialistische Produktion schadet ihm nicht. Der junge Mann kann sich nicht festlegen, er nimmt sich weiter Auszeiten, wird aber letztlich »ohne Probleme« Facharbeiter, um dann spätestens bei der Zeugnisübergabe festzustellen, in diesem Job doch nicht arbeiten zu wollen. Man fragt ihn, weil er kein schlechter Lehrling war, ob er nicht Lust habe, weiterzumachen. Wonneberger kommt ins Grübeln: »Soll dein Weg so aussehen? Nein, nur Technik, das engt dich doch viel zu sehr ein.«

Mit 18 reifer geworden im eigenen Glauben und im Denken auch über den Marxismus – ihn interessiert vor allem der Philosoph Ernst Bloch mit seinem »Prinzip Hoffnung« – will er doch Theologie studieren. Ohne Abitur bietet sich dafür nur das Theologische Seminar, das die evangelische Landeskirche in Leipzig unterhält, zur Ausbildung an.

Zum ersten Mal Leipzig

1963 ist Christoph Wonneberger erstmals in seiner späteren Schicksalsstadt Leipzig angekommen. Hier lernt er bis 1965 am Theologischen Seminar in der Friedrich-List-Straße und lebt auch im heutigen Missionshaus einige Zeit im Internat. Rundum zufrieden mit seinem neuen Leben ist er auch hier nicht. Das Seminar kommt ihm »zu verschult« vor, es drängt ihn nach persönlicher und mittlerweile vor allem auch nach geistiger Freiheit. Christoph Wonneberger empfindet die Ausbildung als »verspätete Oberschule und als eine Art Berufsschule für Pfarrer«. Er lernt die alten Sprachen und wird mit der Weltliteratur vertraut. Der Eigensinn des jungen Mannes besteht weiter, der kommt sogar im Trampen an den Wochenenden zu den Eltern nach Karl-Marx-Stadt und im Besuch der Kneipen und Bars in Leipzig zum Ausdruck. Die Tanzbar »Schorsch« in Leipzig-Connewitz kennt er wie das Café »Corso«. Er kommt hier mit interessanten Menschen in Kontakt – und genießt das Leben. Christoph geht lieber zu Vergnügungen, auf Bälle, zum Tanz und Schwof, statt intensiv zu studieren. Und wieder glaubt er, anders leben zu können.

Am Theologischen Seminar will er dann auch nicht das Examen machen, erwirbt hier aber die Grundlage, auch ohne Abitur studieren zu können. In Rostock, so hat er gehört, gibt es einen hochinteressanten Lektor. Peter Heidrich ist an der Theologischen Sektion der Universität tätig, unterrichtet dort die ganze Bandbreite der Philosophie und gibt viel mehr als nur das grundlegende klassische Wissen weiter. Von Heidrich heißt es unter der Hand: »Bei dem kann man wirklich was lernen.« So was reizt Wonneberger, auch kann er seine Lust auf die Ostseeküste mit dem ihn im Frühjahr quälenden Heuschnupfen begründen. Wonneberger zieht an die Küste.

Klare Luft, klares Denken. Bei Uni-Lehrer Heidrich trifft man sich abends und tauscht sich oft bis weit nach Mitternacht über griechische Philosophen, Sanskrit und vielfältige

Christoph Wonneberger im Jahr 1969 als Student am Ostseestrand von
Rostock-Warnemünde.

theologische Fragen aus. Fünf Jahre lernt Wonneberger damit auch privat neben dem Studium von Sokrates bis Marx. Von diesem nicht offiziellen Bildungszirkel zehrt der Student, er findet vor allem auch Zugang zu der Sprache der Philosophie, begeistert sich für die Schriften von Ernst Bloch und Martin Heidegger und wird in diesem privaten Bildungszirkel sogar mit Yoga-Übungen vertraut. Diese geistig-körperliche Lehre wird ihn zeit seines Lebens begleiten. »Man dachte und redete, man hatte Aufträge zu erfüllen und musste mit übersetzten alt-griechischen Texten zum Treff kommen. Das war meine eigentliche Universität. In diesen Runden habe ich das erste Mal richtig denken gelernt. Die offizielle Uni habe ich im Vergleich dazu in fünf Jahren wohl doch eher mit links gemacht«, erinnert sich Wonneberger.

Eine versuchte Anwerbung

Christoph Wonneberger wohnt in Rostock im Studenten-wohnheim und verdient sich beim Kellnern in den Strand-bädern Warnemünde, Wustrow und Ahrenshoop ein biss-chen Geld zu seinem Stipendium hinzu. Der junge Mann nutzt diese Einkünfte vor allem dafür, sich endlich mal ein ordentliches Radio kaufen zu können. Denn Wonneberger ist Rundfunkbastelfreak, auch hört er gern den NDR mit den aktuellen West-Hits.

Nicht weit weg von der Studentenbleibe befindet sich das »Magasin« der sowjetischen Truppen, was ein beliebter Treffpunkt der Studenten ist. Hier gibt es immer was, vor allem preiswertes Essen und Trinken. Eines Abends Anfang Juni 1967 haben Wonneberger & Co. wohl etwas zu viel getrunken. Auf dem Heimweg kommt man am FDJ-Jugend-klubhaus namens »Greif« vorbei. Auf dessen Dach steht eine Antenne, die ist zwar längst verrostet, aber tut noch ihren Dienst. »Die müsst' ich haben, wenn ich die dann noch in die

Der Theologie-Student Wonneberger (links) verdient sich in verschiedenen Ostseebädern ein Zubrot als Kellner.

richtige Richtung drehe, könnt' ich den NDR noch besser empfangen«, sagt sich Christoph – klettert nach oben, baut die Antenne ab und nimmt sie mit. Er denkt sich nichts dabei. Was er tut, ist ein Jugendstreich. Christoph baut das Teil noch in dieser Nacht an einen Mast aufs Wohnheimdach.

Vier Wochen später berichtet der GI »Bodo Schreiber« der Stasi, von dieser Geschichte erfahren zu haben. Drei Monate später überprüft die für die Theologische Fakultät zuständige Abteilung der Rostocker Stasi diesen Hinweis und stellt fest, dass die Antenne wirklich auf dem Dach über dem Zimmer von Wonneberger montiert ist. Am 19. September 1967 legt die Stasi nun einen Maßnahmeplan zum »Operativen Ausgangsmaterial Wonneberger, Christoph« an. Darin wird festgelegt, eine Anzeige bei der Polizei durch den Leiter des Jugendclubs, der als Inoffizieller Mitarbeiter für die Rostocker Stasi arbeitet, zu veranlassen. An den Vernehmungen soll ein

Stasioffizier teilnehmen, um zu entscheiden, »ob Werbung einer Person oder Auswertung an der Universität« erfolgen soll. Ein Vorgesetzter ergänzt hier: »Ziel ist Exmatrikulation des W., bei den beiden anderen Studenten prüfen, ob einer als IM geeignet ist.«

So wie von der Stasi geplant, wird das Ganze nun in Szene gesetzt. Am 4. Dezember 1967 leitet das Volkspolizeikreisamt Rostock ein Ermittlungsverfahren gegen Wonneberger zur Prüfung des dringenden Verdachtes, eine Fernsehantenne im Wert von 150 Mark entwendet zu haben, ein. Zwei Tage später wird Christoph Wonneberger zur Kriminalpolizei vorgeladen und vernommen. Er gibt alles zu und bedauert den Vorfall, den er »als ein reines Husarenstück und eine sportliche Leistung« verstanden wissen will. Das Vernehmungsprotokoll ergänzt er handschriftlich: »Ich betrachte diese Handlung als eine große Dummheit und als eine äußerst kurzsichtige Verhaltensweise. Es tut mir sehr leid, daß dies passiert ist. Mir liegt sehr am Herzen, die Sache in irgendeiner mir möglichen Weise wiedergutzumachen. Den Jugendclub möchte ich um Entschuldigung bitten und ihm meine Hilfe bei irgendeiner nötigen Arbeit anbieten – auch um ihm zu zeigen, daß ich diese dumme Tat wirklich bereue und wiedergutmachen will.«

Im Anschluss an diese Erstvernehmung führt nun Stasi-Leutnant Andruschow in den Räumen des Polizeireviers das erste Kontaktgespräch mit Wonneberger. Er knüpft an die Bereitschaft zur Wiedergutmachung an und fragt: »Sie haben doch Interesse weiter zu studieren, oder? …« Wenn er sich z. B. bereit erklären würde, das MfS in seiner Arbeit zu unterstützen, so bestünde die Möglichkeit, die Auswertung des Ermittlungsverfahrens zu beeinflussen, d. h. dass die Universität davon nichts erfährt. Wonneberger bittet um Bedenkzeit. Ein weiterer Gesprächstermin wird vereinbart. Die Stasi erstellt nun einen konkreten Maßnahmeplan, um Christoph Wonneberger als Spitzel anzuwerben.

Verpflichtung

Ich, Christoph Wonneberger, geb. am 5. März 1944 in Wiesa/Erzgeb., verpflichte mich zur Zusammenarbeit mit dem Ministerium für Staatssicherheit. Das Ministerium für Staatssicherheit dient der Sicherheit unserer Republik – deswegen möchte ich es unterstützen.

Über die zu besprechenden und besprochenen Gegenstände werde ich Stillschweigen bewahren.

Im Interesse der Geheimhaltung der Zusammenarbeit wähle ich mir den Namen „Laus".

Bei der Zusammenarbeit werde ich um Ehrlichkeit und Objektivität bemüht sein, soweit mein Gewissen nicht dadurch eine unerträgliche Belastung erfährt.

Christoph Wonneberger

Christoph Wonneberger schränkt in seiner Verpflichtungserklärung zur Stasi-Mitarbeit diese von vornherein ein: »soweit mein Gewissen nicht dadurch eine unerträgliche Belastung erfährt.«

Beim zweiten Kontaktgespräch im Dezember 1967 wird Wonneberger weich geklopft. Er unterschreibt letztlich eine Verpflichtungserklärung, weil er fürchtet, exmatrikuliert zu werden und weil er wohl auch Angst vor seinem strengen Vater hat, der ihm den Diebstahl nie verzeihen würde. Die von Wonneberger selbst geschriebene Verpflichtungserklärung, in der er den Decknamen »Louis« auswählt, hat einen der üblichen Wortlaute. Er ergänzt sie aber um einen ungewöhnlichen Passus, wodurch er sich selbst in dieser schwierigen Situation ein Mindestmaß an Selbstbestimmung bewahrt: »Bei der Zusammenarbeit werde ich um Ehrlichkeit und Objektivität bemüht sein, soweit mein Gewissen nicht dadurch eine unerträgliche Belastung erfährt.«

Die Stasi aber sieht nur den Erfolg dieser Anwerbung, der ihr gerade recht kommt, sieht sie doch damit die Möglichkeit, das Innenleben der Sektion Theologie der Rostocker Universität besser überwachen zu können. So heißt es im »Vorschlag zur Anwerbung« vom 11. Dezember 1967, dass sie zweckmäßig sei, »weil sich unter den Studenten der Theol. Fakultät Rostock nur ein IM befindet und die Fakultät auch bald verlassen wird«. Der Student Wonneberger sitzt in der Falle. Er spürt den Gewissenskonflikt, dem er sich mit seiner unterschriebenen Verpflichtungserklärung ausgesetzt hat. In der Akte finden sich Hinweise auf seinen Ausstiegswillen: immer wieder gibt es Vermerke über Termine, zu denen er nicht erschienen ist. Enthalten sind auch drei von der Stasi protokollierte Treff-Berichte. So gibt der Bericht vom ersten Treffen am 9. Januar 1968 in einer Konspirativen Wohnung über Kommilitonen, mit denen Wonneberger zusammen im Wohnheim lebt, auf den ersten Blick belanglos wirkende Auskunft. Doch auch solche Informationspartikel konnten missbraucht werden. Der Treffbericht endet mit einem Auftrag: »Aufbau einer Verbindung zu einem Hamburger Studenten über die Patengemeindearbeit der ESG (Evangelische Studentengemeinde; Anm. d. A.). Teilnahme an Patengemeinde-

71

Rostock, 14. 1. 69

Erklärung

Von einer Zusammenarbeit mit dem MfS möchte ich aus folgenden Gründen in Zukunft absehen:

1. Ich empfinde es als eine außerordentlich große innere Belastung, viele Dinge geheimhalten zu müssen.

2. Ich sehe mich der Gefahr der Diskreditierung durch Freunde, Bekannte u. Verwandte ausgesetzt.

3. Ich habe grundsätzliche Zweifel, ob meine Ziele mit den vom MfS gesetzten wirklich übereinstimmen.

Aus vor allem diesen Gründen ist es mir nicht mehr möglich, die in der vordem unterschriebenen Erklärung angeführten Bedingungen zu erfüllen.

Christoph Wonneberger

Wonneberger kündigt die Zusammenarbeit mit der Stasi auf und erklärt Zweifel, dass seine »Ziele mit den vom MfS gesetzten wirklich übereinstimmen«.

treffen in Berlin …« Die Stasi-Mitarbeiter notieren, dass Wonneberger das Angebot ablehnt, sich die Geldstrafe für den Diebstahl vom MfS bezahlen zu lassen.

Zu den nächsten Treffterminen erscheint Wonneberger nicht mehr. Die Stasi versucht mehrmals vergeblich schriftlich mit ihm Kontakt aufzunehmen. Da sich Wonneberger einer Zusammenarbeit entzieht, besucht ihn Andruschow am 3. September 1968 kurzerhand im Studentenwohnheim und nötigt ihn zu einem Treff im Dienstwagen. Verwertbare Informationen liefert Wonneberger nicht mehr in diesem zweiten Bericht. Der Offizier registriert, dass der Geholte »nicht gewillt ist, ehrlich zu berichten«. Den für den nächsten Tag vereinbarten Termin hält Wonneberger wiederum nicht ein, so dass die Stasi schlussfolgert, »daß der GI einer weiteren Zusammenarbeit aus dem Wege geht«. Von Wonneberger formulierte IM-Berichte finden sich nicht in der »Louis«-Akte. Auch über die Erfüllung des »Auftrags« ist dort nichts vermerkt. Für sein Diebstahl-Delikt hatte der Student inzwischen 200 Mark Strafe zu zahlen und die Antenne zum Jugendklub zurückzubringen. Das von der Stasi initiierte Ermittlungsverfahren wurde bereits unmittelbar nach dem es seinen Zweck – Wonneberger für die IM-Werbung unter Druck zu setzen – erfüllt hatte, auftragsgemäß eingestellt. Dem Diebstahl mangele es »an den Folgen für die Gesellschaft«, es habe sich »um einen Gegenstand geringeren Wertes« gehandelt und die Handlung an sich sei »als geringfügig anzusehen«. Außerdem seien die beiden Beschuldigten »junge Menschen, die bisher mit unseren Strafgesetzen in keiner Weise in Berührung gekommen sind und als unbescholten eingeschätzt werden können«, so die interne Abschlussverfügung der Kriminalpolizei.

Jetzt fühlt Wonneberger sich wieder frei. Auch gibt es für ihn nun keinen Grund mehr, weiter IM sein zu müssen. Da er sich weiteren Treffterminen konsequent verweigert, lässt die Stasi ihn Mitte Januar 1969 offiziell zum Prorektorat für

Studienangelegenheiten vorladen. Dort wird er in Gegenwart des Referatsleiters von Stasi-Hauptmann Andruschow nach der mangelhaften Treffdisziplin befragt. Nach einigem Zögern erklärt Wonneberger, dass er eine weitere Zusammenarbeit auch aus politischen Gründen ablehne. Er gibt den Stasi-Leuten offen zu verstehen, dass nach seiner Meinung auch in der DDR eine Opposition zugelassen werden müsse. Am Ende steht im Bericht über diesen Treff: »Während des gesamten Gespräches wurde die negative politische Haltung des GI deutlich, so daß eine weitere Überzeugungsarbeit zum gegenwärtigen Zeitpunkt aussichtslos erscheint.« Was er sagt, klingt selbstbewusst und mutig. In seinem Abschlussbericht bestätigt Andruschow, dass Wonneberger »unter Druck angeworben« wurde und das Druckmittel seine Wirkung verloren habe.

In einer handschriftlichen Erklärung zieht Wonneberger seine Verpflichtungserklärung zurück und schreibt als Grund unter anderem: »Ich habe grundsätzlich Zweifel, ob meine Ziele mit den vom MfS gesetzten wirklich übereinstimmen. Aus vor allem diesen Gründen ist es mir nicht mehr möglich, die in der vordem unterschriebenen Erklärung angeführten Bedingungen zu erfüllen.« Die Erklärung und der zweiseitige Bericht des Offiziers über dieses letzte Gespräch dokumentieren eine ungewohnt klare politische Haltung gegenüber der Staatssicherheit, wie man sie nur selten findet. Von nun an wird Wonneberger von der Stasi nur noch als politischer Gegner bearbeitet und von unzähligen IM bespitzelt.

Wonneberger fällt es noch Jahrzehnte später nicht gerade leicht, darüber zu reden. Ja, am liebsten möchte er diese Episode in seinem Leben verdrängen und für immer vergessen. Und wie manch anderer sucht auch dieser spätere Revolutionär nach Erklärungen: »Eine Verirrung, keine Frage, ich war wohl damals noch nicht reif genug, gleich Nein zu sagen. Auch war ja die Werbung, wie selbst in den Berichten der Stasi zu lesen ist, ein glatter Fall von Erpressung.« Gut, dass die Akten über ihn vollständig vorhanden sind. So kann man

Punkt für Punkt nachvollziehen, wie einer durch Druck zur Mitarbeit genötigt worden ist – und auf beeindruckende Weise den Sprung aus der Stasi-Falle wieder geschafft hat.

VBl. xx/4   Rostock, 14.4.69

Abschlussbericht

Betr: IM „Louis", Reg. Nr. I/2449/67

BStU
000093

Der IM „Louis" wurde am 17.12.1967 durch den Unterzeichneten unter Druck angeworben. Der IM hatte von einem Jugendklubraum eine UKW-Antenne gestohlen, weshalb die VP ein Ermittlungsverfahren einleitete, in dessen Verlauf „Louis" angeworben wurde. Als das Druckmittel seine Wirkung verloren hatte, hielt der IM die Treffvereinbarungen nicht mehr ein. In einer klärenden Aussprache lehnte er eine weitere Zusammenarbeit mit dem MfS ab, da seine Ziele nicht mit denen des MfS in Einklang gebracht werden können. Und fürchtete er eine Dekonspiration. Im gesamten Zeitraum wurde deutlich, dass er eine politisch negative Grundhaltung zur Entwicklung in der DDR besitzt, was auch inoffiziell bestätigt wurde. So stimmte er z. B. auch gegen die sozialistische Verfassung. In den negativen Kräften seines Studienjahres unterhält er engen Kontakt. Da vermutet wird, dass er im Rahmen des er. Jungmännerwerkes negativ in Erscheinung tritt, wird er in einem gs. Material weiter bearbeitet. Die A.- und P.-Akte gelangt zur Ablage in das Archiv.

Anderudes, Uh.

Der Abschlussbericht der Stasi zum IM-Vorgang »Louis« bescheinigt Wonneberger eine politisch negative Grundhaltung.

Prager Erkenntnisse

Es ist das Jahr 1968, das Wonneberger nicht nur auf Grund seiner Stasi-Verstrickungen zusetzt. Der »marxistische Christ«, als den er sich rückblickend selbst sieht, wird mit den Ereignissen des Prager Frühlings zu einem politischen Menschen. Mit größter Sympathie verfolgt er die Demokratisierungsbewegung in der ČSSR, für die vor allem der Name des Generalsekretärs der Kommunistischen Partei Alexander Dubček steht. Regelmäßig fährt Christoph Wonneberger ins DDR-Nachbarland und erlebt vor Ort den angestrebten Wandel von der Diktatur sowjetischer Prägung zu einem freiheitlichen demokratischen Sozialismus intensiv mit. So ist er auch am Vorabend des 21. August 1968 in Prag. Er ist zu dieser Zeit wie fast immer allein unterwegs, lernt als redseliger Mensch hier und da Sympathisanten kennen, spürt aber in jenen Stunden noch nichts von den Ereignissen, die kommen sollten. »Prag war sehr munter, in den Straßen standen die Leute und sprachen miteinander, die einen französisch, die andern englisch und immer wieder auch deutsch. Keiner ahnte, dass der noch nicht vollkommenen Freiheit nur noch wenige Stunden bleiben sollten«, erinnert sich Wonneberger.

Er wohnt in einem Studentenwohnheim mitten in der Stadt. Am Morgen des 21. August wird er, wie er zunächst meint, von Baulärm aus dem Schlaf gerissen: »Können die denn nicht später mit der Arbeit anfangen«, denkt er sich und erfährt kurz darauf, dass das Dröhnen nicht von Presslufthämmern, sondern von den Kalaschnikows der Sowjets stammt. Wonneberger geht in die Stadt und sieht die »Bescherung«. Sozusagen »kopflos« erkundet er Prag, er weiß, dass das gefährlich ist, macht sich aber darüber kaum Gedanken. So muss er hinter der Brüstung des Nationalmuseums Schutz suchen, weil russische Panzer umherfeuern. Wonneberger fotografiert. Er will das Unglaubliche, das er sieht, im

Foto: Christoph Wonneberger / Archiv Bürgerbewegung Leipzig e. V.

Christoph Wonneberger erlebt die Niederschlagung des Prager Frühlings hautnah. Er hält die Ereignisse im Bild fest.

Bild festhalten. Dann sucht er nach dem Hotel, in dem ein Reporter des Deutschlandfunks untergekommen sein soll. In den Tagen und Wochen zuvor hatte er ihn oft im Radio in seiner Rostocker Studentenunterkunft gehört: Christian am Ende. Zu ihm will Wonneberger direkt Kontakt aufnehmen. Er trifft ihn am Wenzelsplatz. Von Christian am Ende ist am 21. August im Deutschlandfunk unter anderem zu hören:

Trotz Kontrolle an der Grenze gelingt es ihm, seine Fotobeweise in die DDR zu bringen.

»Vor dem Gebäude des Zentralkomitees sind inzwischen 20 Panzer aufgefahren, Tschechen diskutieren mit sowjetischen Soldaten. Am Ende: Dem kleinen Volk der Tschechoslowaken bleibt nichts weiter übrig als passiver Widerstand, Generalstreik und Obstruktion. Um zwölf Uhr läuteten die Glocken in Prag und heulten die Sirenen, kein Verkehrsmittel fuhr um diese Zeit. Die Demonstranten protestierten, indem sie auf die sowjetischen Panzer springen und tschechoslowakische Fahnen anbringen, die von den Russen beseitigt werden. Man hört allerorts böse, gegen die Sowjets gerichtete Rufe wie ›Faschisten, Faschisten!‹«

Die Bilder aus Prag, wie junge Tschechen die Sowjet-Panzer stürmen, werden sich dem 24-jährigen Theologiestudenten Wonneberger unauslöschlich einprägen: »Mit Spitzhacken sind die Prager Bürger auf die Panzer gesprungen, um die Fässer mit Diesel zu zerhacken und die Panzer anzuzünden. Und die jungen Russen, die drin saßen, reagierten panisch und feuerten wild um sich.« Wonneberger wird in jenen Tagen in Prag eins bewusst: »Was hier abläuft, ist zwar sehr mutig, Gewalt kann aber nicht die Lösung der Probleme sein.« Pazifist Wonneberger lernt Studenten kennen, die »etwas gegen den Einmarsch tun wollen«, er übersetzt die Flugblätter gegen die Intervention ins Deutsche. Noch ist ja nicht gewiss, ob nicht auch Soldaten der Nationalen Volksarmee mit einmarschiert sind in den sozialistischen Bruderstaat. Zwei Wochen bleibt Wonneberger in Prag. Dann packt er einige der Drucksachen in seinen Rucksack und trampt zur Grenze nach Schmilka in der Sächsischen Schweiz. Zu Fuß geht er rüber und hat zunächst Glück. Die Grenzer interessieren sich nicht für ihn, er kommt also an der Elbe »so durch«. Die politischen Pamphlete hat er nur durch Wäsche verdeckt. Im Zug nach Dresden agitiert er die Leute, erzählt, was er in den letzten Tagen erlebt hat. Auf der Fahrt zu einer theologischen Veranstaltung in Görlitz nimmt ihn dann doch noch die Stasi fest. Verhöre folgen, aber keine weiteren Repressalien. Er kommt wieder frei.

»Dieser Sommer war für mich sehr, sehr nachhaltig«, weiß Wonneberger. Und, nicht nur nebenbei erwähnt: Der Stasi gegenüber nimmt der IM Louis, der er im Jahr 1968 noch ist, mit seinen Äußerungen zu den Ereignissen in Prag kein Blatt vor den Mund. So ist in einem Treff-Bericht mit seinem Führungs-Offizier zu lesen: »Während des Gesprächs wurde auch auf die Entwicklung in der ČSSR eingegangen. Der

GI bestritt absolut, daß die Entwicklung von westdeutschen Dienststellen gefördert und gelenkt worden ist, sondern daß die Ereignisse in der ČSSR am 21. 8. und danach Ausdruck des Volkswillens gegen das Einschreiten der soz. Armeen gewesen sind. Er sei selbst in Prag gewesen und habe das mit eigenen Augen feststellen können. Der GI vertritt die Meinung, daß die Entwicklung in der ČSSR hätte von den soz. Ländern akzeptiert werden müssen als möglicher Weg der Entwicklung einer sozialistischen Gesellschaft. In diesem Zusammenhang bezeichnet er die Berichterstattung über die Ereignisse in der ČSSR als unrichtig, verfälscht und unwahr.«

Wonneberger studiert also wieder nach erlebnisreichen und aufrüttelnden Semesterferien. Er bleibt der junge Mann, der ganz anders tickt und der, wenn wieder mal Wahl ist in der DDR, eben auch Aufrufe wie »Im Übrigen haben Sie morgen die Wahl« in seine Schreibmaschine tippt und diese privaten Flugblätter in den Kneipen der Stadt Rostock einfach fallen lässt. In ihm reift die Überzeugung, dass man nicht alles geschehen lassen kann, sondern selbst etwas tun muss. Seine Einstellung zum Leben kollidiert freilich schon bald mit seinem Vorhaben, eine theologische Doktorarbeit zu verfassen und damit die theologisch-wissenschaftliche Laufbahn einschlagen zu wollen. An der traditionsreichen Rostocker Universität, gegründet 1419, findet im Sommer 1969 eine internationale Sommerakademie der Theologen statt. Wonneberger bekommt in den Vorträgen und Debatten zum praktischen Christ-Sein und zur Theologie als Wissenschaft wichtige Impulse von Gästen aus aller Welt. Was da gesagt wird, imponiert ihm, entspricht doch vieles seinen Vorstellungen, gerade auch zum Thema Gottesdienst. Die allzu oft belanglosen Veranstaltungen nerven ihn, sie gedanklich aufzubrechen, kann er sich gut vorstellen. Als aber dann im September das Studium wieder beginnt, redet von diesem Treff kein Mensch mehr. Wonneberger fragt sich: »Das kann doch nicht wahr sein, da muss doch was geblieben sein!?«

1969 macht der unangepasste Student beim Theologen-Ball von sich reden. Er schreibt und inszeniert eine »Biermesse«, ein traditionell aufgebauter Gottesdienst, freilich mit kabarettistischen Spitzen über all die Neugötter und deren politische Verlogenheit. Wonneberger und sein Studienfreund Dietrich Wolff, genannt »Fuchs«, entwickeln Legende und Liturgie dieser sehr speziellen Andacht, für die musikalische Umrahmung ist der Student Michael von Brück, vor dem Studium Präfekt im Dresdner Kreuzchor, zuständig. In der Messe heißt es:

»S' giebt kein schöner Leben als Studentenleben,
Wie es Bacchus und Gambrinus schuf;
In die Kneipen laufen und sein Geld versaufen,
Ist ein hoher, herrlicher Beruf …«

Von wilden Orgien ist ferner die Rede, auch von Inzest und von der verführerischen Venus. Das ist den Herren Professoren dann doch zu viel. Zur Hälfte der Aufführung gibt es Protest im Saal: »Aufhören, aufhören!« Der Stecker zum Mikrophon wird gezogen.

An der Sektion Theologie folgt ein Verfahren, sogar der Universitäts-Rektor nimmt sich der Sache an. In einer Art Kuhhandel werden Wonneberger und sein Studenten-Freund »Fuchs« für ein halbes Jahr mit »Stadtverbot« belegt und müssen vorfristig ihr Staatsexamen ablegen. »Man wollte unsere Angelegenheit nicht aufbauschen und uns nur ganz schnell loswerden«, sagt Wonneberger. Eine durchaus mögliche theologisch-philosophische Karriere ist damit auch schon zu Ende, bevor sie richtig begann. Nichts mehr also mit ihn interessierenden Forschungen über Dietrich Bonhoeffer, über den er seine Diplomarbeit verfasst hatte, oder über das Verhältnis seines Lieblingsphilosophen Ernst Bloch zur Theologie. Dieser Linke und die Kirche? Wonneberger lacht: »Ein verkappter Kommunist war ich doch auch. Ich habe mich oft gestritten über Kritik an der

Biermesse 1985//Rostock

MISSA EBRIETATIS

INTROITUS

CANTAMUS

S'giebt kein schöner Leben als Studentenleben,
Wie es Bachus und Gambrinus schuf;
In die Kneipen laufen und sein Geld versaufen?
Ist ein hoher,herrlicher Beruf.
Ist das Moos entschwunden,wird ein Bär gebunden,
Immer geht's in dulci jubilo!
Ist kein Geld in Bänken,ist doch Pump in Scherken
Für den kreuzfidelen Studio.

Auch von Lieb umgeben ist's Studentenleben,
Uns beschützet Venus Cypria.
Mädchen,die da lieben und das Küssen üben,
Waren stets in schwerer Menge da.
Aber die da schmachten und platonisch trachten!-
Ach,die liebe Unschuld tut nur so;
Denn so recht inwendig brennt es ganz unbändig
Für den kreuzfidelen Studio.

Vater spricht:Das Saufen und das Kneipenlaufen
Nutzt Dir zum Examen keinen Deut;
Doch dabei vergißt er,daß er ein Philister
Und das jedes Ding hat seine Zeit.
Traun!Das hieße lästern,schon nach sechs Semestern
Ein Examen!Nein!Das geht nicht so!
Möchte nie auf Erden etwas anders werden,
Als ein kreuzfideler Studio.

SUSPIRAMUS

LAUDAMUS ohne Überleitung

O Bachus,Dir sei Preis und Dank,mit Rebensaft uns zu laben;
Du gibst uns teil am Göttertrank,wir ehren deine Gaben.
Ganz ungemessen ist die Macht des Rausch's den du uns hast ge-
Der Durst hab' nie ein Ende.   [bracht.

Gambrinus,größte Ausgeburt deines bachantischen Vaters,
als er mit Venus einst gehurt,Produkt des göttlichen Katers.
Uns Armen gabst du Hopfen,Malz,den Gerstensaft und nun erhalt's
zum Suff uns bis ans Ende.

O Venus,süßes Stimulans des Wahns in unseren Herzen,
So laß' uns alle brennen ganz in Freuden und in Schmerzen.
Wie Sohn und Vater du vereint,so sei auch uns auf ewig freund,
Ohn' dich sind wir am Ende.

PIA DESIDERIA

HISTORIA DE SALUTIS ORDINE (REVELATA!)

CONFITEMUR

Wir bekennen BACHUS,Schöpfer des unstillbaren Durstes,
Vater alles süffigen Rausches,schwankenden Versöhner aller Ge-
gensätze.

Und GAMBRINUS,seinen Uhicus,der,uns zu retten,Mittler wurde
der Stillung unseres Durstes,Stifter unserer Bierseligkeit.

Wir bekennen uns zu VENUS,dem Woher unseres Umgetrieben-Seins,
Die uns hinanzieht...zu manchem,was uns nicht unbedingt angeht;
Die Solidarität der Verkommenheit;
Die Überwindung des Katers
Und das Reich des Taumels.

CONFUSIO OMNIUM

DAMNAMUS

Neuer Ärger: Originalmanuskript der »Biermesse«, die Wonneberger an der
Sektion Theologie der Rostocker Universität hielt.

Religion. Meine geistigen Väter hießen Feuerbach, Hegel und Bloch. Und fürs ganze Leben Bonhoeffer.« Hätte er sich nicht auch an der Universität seine Freiheiten gegönnt, hätte wohl noch mehr wissenschaftliche Forschung zu diesem herausragenden Freiheits-Theologen entstehen können. Aber auch so bleibt der eine Pfarrer dem anderen sehr verbunden. Wie Wonneberger als Pfarrer gegen die SED-Diktatur nie müde wird zu opponieren, so war Bonhoeffer als herausragender Vertreter der sogenannten Bekennenden Kirche gegen die NS-Diktatur aktiv. Bei Bonhoeffer, so weiß auch Wonneberger, aber doch unter ziemlich anderen Bedingungen. Die Nazis ermordeten den renitenten Geist, weil er zu den Widerständlern des 20. Juli gehörte, noch kurz vorm Ende ihres vermeintlich tausendjährigen Reichs im KZ Flossenbürg. Wonneberger hingegen ist sich als Pfarrer ziemlich sicher vor der Gewalt des SED-Staates und schöpft diese Freiheit mehr und mehr aus.

Wunderbare Jahre

Der diplomierte Theologe kommt zurück nach Sachsen und wird Vikar in Wurzen. Weil er nun nicht mehr in die ČSSR reisen will, wo seine Freiheitsträume mit der Niederschlagung des Prager Frühlings zerstört wurden, wird Wonneberger mehr und mehr zu einem Polen-Freund. Er trampt oft in dieses noch sozialistische Nachbarland, er besucht Danzig, Krakau und Warschau und lernt dabei, wie ihm sehr schnell bewusst wird, »viel freiere Menschen kennen«. Vor allem auch eine eher undeutsche Lebensart zieht Wonneberger nach Polen, als dort von Solidarność noch kaum die Rede ist. 1970 kommt es im Norden des Landes wegen Preiserhöhungen zu Streiks in Großbetrieben, die sich zum sogenannten Dezember-Aufstand auswachsen. Besonders von sich reden macht das Streikkomitee der Danziger Leninwerft. In dieser Zeit werden die Grundlagen für das gelegt, was Lech

Wałęsa und andere 1980 vollbringen werden – die Gründung der unabhängigen Gewerkschaft Solidarność. Die Staatsmacht reagiert im Winter 1970 mit aller Härte. Etwa 80 Tote sind zu beklagen. Dennoch haben die Arbeiter einiges erreicht. Die Preiserhöhungen werden letztlich zurückgenommen und Gomułka muss zurücktreten, neues Staatsoberhaupt wird Edward Gierek.

Wonneberger spürt zu dieser Zeit einen besonderen Geist in diesem Land, dessen Freiheitsstreben sich mit dem seinen verbindet.

Auch kommen ihm die Polen wie die Franzosen vor, man ist lebenslustig hier und eben nicht so schnieke. Wonneberger bekommt vor allem Kontakte mit den dem Staat kritisch gegenüberstehenden polnischen Studenten, die eine eigene Interessenvertretung gründen wollen. Jahrelang ist Wonneberger immer wieder in Polen zu Gast und erlernt, um wirklich mitreden zu können, in einem Crash-Kurs in Krakau sogar die polnische Sprache. Er kann damit die Bücher von Sławomir Mrożek im Original lesen, er lernt die Musik Krzysztof Pendereckis kennen und ist vor allem auch begeistert vom Jazzer Zbigniew Namysłowski und dessen Auftritten in den Studentenklubs. »Mit einer geistigen Freiheit entwickelte sich in Polen der Drang nach gesellschaftlichem Umbruch. Wichtige Stütze und Zuflucht für das neue Denken war dabei die starke katholische Kirche. An ihr konnte man sich im wahrsten Sinn des Wortes anlehnen«, erinnert sich Wonneberger.

Wonneberger nimmt Anfang der 1970er Jahre in der Stahlarbeiter- und Plattenbaustadt Nowa Huta an einer katholischen Messe teil und ist begeistert vom Flair dieses Gottesdienstes. Bischof Karol Wojtyła, ab 1978 Papst Johannes Paul der II, kämpft hier seit Jahren mit den Arbeitern gegen die Kommunisten für ein Gotteshaus. Polen wird für Wonneberger für einige Jahre fast zu seiner geistigen Heimat. Und wenn er in den Beskiden oder den Masuren allein auf Wanderschaft und wieder mal gespannt ist, wer ihm diesmal über den Weg läuft, lernt er diese Welt sogar in solch bunten Farben kennen, die er meint, von zu Hause, wo alles eher trist und grau aussieht, schon gar nicht mehr zu kennen.

Dank so genannter Bruderhilfe, mit der die Pfarrer in der DDR ab und an mit einigen West-Mark ausgestattet werden, sind die Polen-Aufenthalte auch finanziell ganz gut zu organisieren. Meist hat dann Wonneberger auf der Heimreise viele Bücher in seinem Rucksack, die ihm bundesdeutsche Freunde nach Polen schicken. Er wird, keine Frage, meist »gefilzt«. Und wenn von den DDR-Zöllnern die westdeutschen Druckerzeugnisse gefunden werden, ist, unabhängig um welche Inhalte es sich handelt, Schluss mit lustig. Wonneberger heute: »Ich habe vieles eingebüßt, aber auch nach Beschwerde manches wieder bekommen. Ich hatte immer sehr viel im Rucksack, vor allem Bücher, die sich mit Friedensfragen beschäftigten, und Philosophisches, aber auch richtig heiße Ware wie die Literatur von Solschenizyn. Ich weiß noch: Einmal hatte ich den ganzen Rucksack voller Bücher. Die fischten mich wieder raus. Ich war stinksauer und habe Krach gemacht: ›Ist es denn ein Unrecht, Bücher mitzubringen?‹, schrie ich auf der Autobahn rum. Dann habe ich meinen Rucksack ausgekippt. Man führte mich ab und sperrte mich ein. Wenig später musste ich mit leerem Rucksack weiterziehen.«

Nach den Lehrjahren als Vikar wird Wonneberger Pfarrer, zuerst in Leipzig-Möckern. Ab 1973 ist er dann als Seelsorger in Taucha in Diensten. Hier soll er die kirchliche Jugendarbeit entwickeln und ist für die Dörfer rings um diese Kleinstadt bei Leipzig zuständig. Er sucht vor allem Kontakte zur Jugend, die freilich nicht nur christlich sein muss. Wonneberger spricht mit jenen jungen Leuten, die in Taucha auf der Straße rumhängen und nichts mit sich anzufangen wissen. Er sagt zu ihnen, ohne sie bekehren zu wollen: »Ihr könnt mal bei mir vorbeikommen. Warum macht ihr eigentlich keinen

Christoph Wonneberger beim Trampen in Polen Anfang der 1970er Jahre.

Druck, damit sich hier, wo nichts los ist, ein Jugendklub gründen kann?« Wonneberger trifft sich mit ihnen, redet über dies
und das, man liest gemeinsam. Herr Pfarrer organisiert in
Taucha viel mehr als nur Konfirmandenunterricht und Junge
Gemeinde.

Dieser weiter- und querdenkende Pfarrer hat immer neue
Ideen, so auch die, 1976 eine Lesung aus Reiner Kunzes Buch
»Die wunderbaren Jahre«, das gerade in der Bundesrepublik
veröffentlicht wurde, zu organisieren. Wonneberger fühlt sich
eins im Denken mit diesem Dichter, der ja, geboren in Oels-
nitz, auch aus dem Erzgebirge stammt. Worte wie »Auge in
Auge mit dem Nichts und im Bewußtsein die Absurdität dieses Daseins« sprechen den jungen Pfarrer an und motivieren
ihn, etwas für Kunze und damit für die Freiheit des Geistes in
der DDR zu tun. Zudem erinnert Kunze ihn in den »Wunderbaren Jahren« auf sehr poetische Art an die Hoffnung und
das Scheitern des Prager Frühlings, was Wonneberger mit
seinen eigenen Erlebnissen noch immer nahegeht.

In der DDR sind »Die wunderbaren Jahre« nicht erwünscht.
Kunze wird wegen seines Buches, in dem er vehement das

Pfarrer Christoph Wonneberger mit einer Jugendgruppe in Taucha, um 1974.

DDR-System kritisiert und das, nachdem das Manuskript illegal in die Bundesrepublik gelangt, nur im Westen verlegt wird, aus dem DDR-Schriftstellerverband ausgeschlossen. Dies kommt einem Berufsverbot gleich. Kunzes Kinderbuch »Der Löwe Leopold«, das bereits gedruckt vorliegt und in 15.000 Exemplaren an den DDR-Buchhandel ausgeliefert werden soll, wird eingestampft.

Wonneberger besorgt sich Kunzes »Wunderbare Jahre« über kirchliche Westkontakte und tippt die 130 Seiten mit jeweils zehn Durchschlägen in die Schreibmaschine. Die Hand-Exemplare lässt er guten Freunden zukommen. Mit Katrin Fischer von der *Evangelischen Spielgemeinde* in Leipzig und dem Schauspieler Christoph Unger vom *Theater der Jungen Welt* entsteht ein Kunze-Programm. Später muss Wonneberger erfahren, dass Unger als »IM Horst« tätig war und der Stasi auch über den Kunze-Abend fleißig berichtet hatte. Zu erzählen gab es ja auch viel, denn selbst Kunzes Dankrede für den Bayerischen Kunstpreis, den der Schriftsteller in jenem Jahr verliehen bekam, kann in Ausschnitten beim Kunze-Abend im Gemeindesaal Taucha gehört werden.

Als das Programm noch mal in der Leipziger Studenten-gemeinde in der Paul-Gruner-Straße aufgeführt wird, sitzt Kunze selbst im Publikum. Wonneberger weiß noch: »Er kam erst, als es losging und war wieder weg, bevor wir am Ende waren. Danach hat er sich in einem Brief für unser Engagement sehr bedankt.« Der Dank kommt schon aus dem Westen, wo Kunze 1977 unfreiwillig eine neue Heimat finden muss. Unter Androhung einer Haftstrafe hatte man ihn genötigt, die DDR zu verlassen.

Kurz zuvor ist die Zeit der Biermann-Affäre. Wonne-berger ist im November 1976 in Taucha auf der Suche nach dem »besten West-Fernsehen«. Er will das Konzert Wolf Biermanns in Köln, das die ARD einige Tage nach seinem Auftritt in voller Länge ausstrahlt, aufnehmen und weiter verbreiten. Noch ist aber ein störungsfreier Empfang des Westfernsehens eher eine Seltenheit. Der Pfarrer findet in einem Tauchaer Dachdeckermeister einen Verbünde-ten. Der hat sich die größte Antenne aufs Haus gesetzt und somit auch die besten Bilder. Wonneberger bringt seine teure Tonbandanlage mit und nimmt den Biermann-Abend komplett auf. So, wie so manch andere Dokumente über Wonnebergers Leben, ist auch dieses Ton-Dokument nicht mehr vorhanden. Wonneberger trauert dem nicht nach: »Mich hat das, was war, nie sonderlich interessiert. Ich habe auch kaum was aufgehoben, ein eigenes Archiv gibt es fast nicht. Ich blicke lieber nach vorn und will immer was Neues tun.«

Schon in den Jahren in Taucha ist die Stasi nah dran an Wonneberger. So berichtet Pfarrer Weiß aus Leipzig-Wahren alias IM »Klaus« zur politischen Grundhaltung des Pfarrers W. Folgendes: »Er ist sehr abhängig von westlicher Literatur, die wir als sogenannte spätbürgerliche Phase bezeichnen. Er ver-fügt über eine hervorragende Tonbandtechnik, alles aus dem NSW (Nichtsozialistisches Wirtschaftsgebiet; Anm. d. A.), über eine ausgezeichnete Bibliothek.«

Akte LgT 218/85 **K O P I E**
Bd 1
XIII 519/72

Bezirksverwaltung Leipzig   Leipzig, den 25. 8. 1975
Abteilung XX/4   -/ku

Tonbandbericht des IMV "Klaus" vom 12. 5. 1975

Einschätzung Pfarrer Wonneberger/Taucha

Die politische Grundhaltung des Pfarrer W.:
Er ist sehr abhängig von westlicher Literatur, die wir als
sogenannte spätbürgerliche Phase bezeichnen. Er verfügt über
eine hervorragende Tonbandtechnik, alles aus dem NSW, über
eine ausgezeichnete Bibliothek. Durch Pfarrer ███ ist mir
bekannt, daß die Handhabung dieses Materials in all seinen
Veranstaltungen, die er durchführt, zum Tragen, gesellschaft-
liches Engagement suchte er, als er Praktikant bei dem Diakon
Hänisch in Leutzsch gewesen ist. Er versuchte sich damals an
Arbeitsformen der "Christlichen Kreise" zu beteiligen, aber
mehr als Zuhörer. Seine Charaktereigenschaften einzuschätzen
ist sehr schwierig. Mir ist bekannt, daß er vor 3/4 Jahren
eine schwere Erkrankung gehabt hat und zwar befand er sich
in Spezialbehandlung, eine Kopf- bzw. Gehirnerkrankung, die
wohl nicht ganz geklärt ist, wo sie herkam. Er selbst versucht sich als sehr tolerant und offen für alles darzustellen.
Nach meinem Eindruck ist er das nicht. Zum Widerspruch ge-
reizt, kann es passieren, daß sein ganzes toleriertes Verhalten abfällt und er direkt aggressiv einseitig wird. W. ist
unverheiratet. Er ist sehr ehrgeizig. Bisher hat er aber
keinerlei Erfolg bei seinen Kollegen gehabt. Verschiedene
Pfarrer, u. a. ███ (o. ä.) in Leutzsch charakterisieren
ihn als "Spinner". W. zeigt ein starkes Interesse an Mädchen,
die vor allem jünger als er sind. Durch Pfarrer ███ ist
mir bekannt, daß W. seine Freundinnen oft wechselt. In seiner
Wohnung werden Zusammenkünfte durchgeführt, wo über verschiedene
Probleme diskutiert wird. Seine Wohnung gilt als "offenes
Haus". U. a. hat W. Kontakt zu der Studentin des Theologischen
Seminars, ███████.
W. verdient als Pfarrer nicht viel. Die Technik, die er in
Besitz hat, vermute ich, ist durch Beziehungen seines Vaters
in seinen Besitz gekommen. Sein Vater ist Oberkirchenrat.
Seine gegenwärtigen Familienverhältnisse kann ich nicht ein-
schätzen.
W. besitzt einen großen Umgangskreis. W. umgibt sich mit
Intellektuellen, Studenten, Oberschülern. Diese sind in ihrer
politischen Grundhaltung gleichermaßen wie W. einzuordnen.
Im Zusammenhang mit W. ist mir weiterhin bekannt, daß er auf
Grund seiner etwas kuriosen Gottesdienste Schwierigkeiten in
seiner ehemaligen etwas konservativen Gemeinde Möckern hatte.

Einschätzung von IM Klaus zu Christoph Wonneberger vom 25. August 1975.

42

In der Tat hat Wonneberger dank guter Kontakte, unter anderem zur Zeitschrift »Frohe Botschaft« (in der DDR redaktionell hergestellt, in West-Berlin gedruckt), die Möglichkeit, sich mit jener Literatur versorgen zu lassen, die in der DDR nur in den »Giftschränken« der Deutschen Bücherei in Leipzig zu finden ist.

Im Weinberg in Dresden

Die Aktivitäten des Pfarrers aus Taucha sprechen sich herum. Die Weinbergsgemeinde in Dresden-Trachenberge sucht 1977 für ihre jungen Leute einen jungen Pfarrer und fragt bei Wonneberger an, ob er nicht Lust habe, hier tätig zu sein. Wonneberger spricht heute scherzhaft von »Abwerbung«. Geld, was man vermuten könnte, habe aber keine Rolle gespielt. Er wäre auch gern in Taucha geblieben. Manches, so die Gründung eines Jugendtreffs ohne den Einfluss staatlicher Stellen, war dort ja noch nicht geschehen. Doch Wonneberger hat immer auch Lust auf Veränderung und tritt im Sommer 1977 seine neue Stelle in Dresden an. Dabei denkt er wohl unterbewusst auch an jenes Gleichnis aus dem Neuen Testament – als ein Diener Gottes, der unabhängig von Anerkennung und Lohn nie müde wird, nach neuen Inhalten seines Tuns zu suchen.

Genau diese Aufgabe findet Wonneberger in der Weinbergskirche, wo er die nächsten Jahre Dienst tun wird. Er kommt in eine aktive Gemeinde, in der ihr populärer Pfarrer Frieder Burkhardt eine »offene Jugendarbeit« aufgebaut hat. Die Weinbergskirche ist ein Treff der Dresdner Jugend, fern der FDJ-Aktivitäten. Hier ist beispielsweise auch der Ort, wo dem Staat eher nicht genehme Rockgruppen wie »Lift« proben dürfen.

Ein Weggefährte jener Jahre heißt Stephan Bickhardt. Dass er zu der von der Kirche ausgehenden Oppositionsbewegung findet, ist vor allem Wonnebergers Verdienst. Bickhardt, der

Christoph Wonneberger (vorn links) auf dem Weg zu seiner Amtseinführung als Pfarrer der Weinbergskirche in Dresden, 1977.

im Herbst '89 zum Mitgründer der Bürgerrechtsbewegung *Demokratie Jetzt* wird und heute als Polizeiseelsorger tätig ist, erinnert sich: »Wenn von Wonneberger die Rede ist, muss im Kontext der Dresdner Friedensdienst-Aktivitäten auch daran erinnert werden, dass es die von der Bürgerrechtlerin Johanna Kalex initiierte Gruppe *Wolfspelz* gab. Angefangen hatte alles mit dem 13. Februar 1982. Man hatte, um an die Bombardierung Dresdens im Zweiten Weltkrieg mahnend zu erinnern, zur Gedenkandacht mit Kerzen an der Ruine der Frauenkirche aufgerufen. Die Resonanz war überwältigend. Es kam mit 10.000 Teilnehmern zum ersten öffentlichen Friedenstreffen von nichtstaatlichen Gruppen, eine regelrechte Kerzendemonstration. Dass das heute aus dem öffentlichen Bewusstsein fast verschwunden ist, ja selbst in der Frauenkirche nun daran nicht mehr erinnert wird, empfinde ich als sehr bedauerlich.«

Wonneberger ist nicht unmittelbar in die Organisation involviert. Dennoch hält sich bis heute, so weiß Oliver Kloss, der damals im Wonneberger-Kreis aktiv war und heute Politikwissenschaft lehrt, die Auffassung von dessen Mittun. Vor allem in der Landeskirche ist man der Auffassung, so etwas hätte doch nur von diesem aufmüpfigen Pfarrer ausgehen können.

Bickhardt ist um 1980 eine Zeit lang nahe dran an Wonneberger. Er besucht ihn in seiner Pfarramts-Dachwohnung und lernt ihn als einen von seiner Sache beseelten Menschen kennen: »Es gab meiner Erinnerung nach drei Dinge, von denen Christoph wirklich ergriffen war: Rudolf Bahros Buch ›Die Alternative‹, in dem angeregt wird, die sozialistische Gesellschaft von innen her zu demokratisieren. Eine zweite und noch wichtigere Quelle war für ihn eine dicke Schwarte des Sozialwissenschaftlers Theodor Ebert, dem Erfinder des Konzepts der sozialen Verteidigung. Zu dessen Anleitung zur praktischen Verweigerung fühlte sich Wonneberger hingezogen. Er erinnerte sich wohl auch an die ersten Tage des Prager Frühlings 1968, als der passive Widerstand noch dahingehend funktionierte, dass die Tschechen alle Verkehrsschilder umdrehten und damit die sowjetischen Aggressoren auf ganz einfache Art und Weise verwirrten. Leider gab es dann später so viele Kollaborateure, dass dieser passive Widerstand keine Aussicht auf Erfolg hatte. Das dritte, was Christoph regelrecht beseelt hat, war das Konzept des zivilen Widerstands, wie er ihn im Sommer 1980 in Polen mit der beginnenden Solidarność-Bewegung erleben konnte. Ich weiß noch, wie beeindruckt er mir davon erzählte, als in Warschau Frauen den Staats-Armisten Blumen überreichten. Dieser Sommer hat ihn regelrecht elektrisiert. Er ließ ihn nie mehr los.«

Wonneberger, geprägt von Prager Frühling und den Anfängen der Solidarność, wird mit seinen Friedens-Initiativen zu einem Geburtshelfer der Bürgerrechtsgruppen in der ganzen DDR, noch vor der Friedensbewegung »Schwerter zu Pflugscharen« und vor dem Berliner Appell von Rainer Eppelmann und Robert Havemann.

Ende der 1970er Jahre ist die Hochzeit des Kalten Krieges. Proteste gegen die Hochrüstung artikulieren sich in Ost wie in

West. Doch während in der Bundesrepublik die Friedensbewegung ein Massenphänomen ist und zur Protestkultur dazugehört, sind Friedensaktivisten in der DDR Repressionen ausgesetzt und können sich nur unter dem Dach der Kirche frei artikulieren. Auch gibt es in der DDR keinen zivilen Wehrersatzdienst. Seit 1964 besteht zwar die Möglichkeit, seinen Grundwehrdienst bei der Nationalen Volksarmee als Bausoldat abzuleisten, dennoch stehen auch die Bausoldaten unter Fahneneid, sind in Kasernen untergebracht und dienen der Armee. Deshalb und auch vor dem Hintergrund der zunehmenden Militarisierung in der DDR wollen immer mehr junge Männer ihren gesetzlich festgeschriebenen Grundwehrdienst verweigern. Sie kommen auch zu Wonneberger und fragen um Rat, wie sie diesen Gewissenskonflikt lösen können. Den Pfarrer treibt es selbst um, dass der SED-Staat zwar irrwitzige Summen in die Militarisierung, zu der auch die Einführung des Wehrkundeunterrichts an den Schulen gehört, fließen lässt, dringlichste soziale Dienstleistungen aber immer mehr hintanstellt. Wonneberger hat rückblickend vor allem eins nicht vergessen: »Regelmäßig kam ich ins staatliche Altenheim auf dem Heller. Was ich dort sah, machte mich regelrecht wütend. Zig alte und pflegebedürftige Menschen lagen in einem riesigen Saal Bett an Bett, es gab keinerlei Privatsphäre und gerade einmal ein Nachtschränkchen, um darauf einen Blumenstrauß stellen zu können.« Wonneberger empfindet diese Schere von teurer militärischer Aufrüstung samt der Einführung des Wehrkundeunterrichts an den Schulen und den immer größer werdenden sozialen Notständen, die meist zu einem privaten Problem erklärt werden, »als nicht mehr hinnehmbar«.

Die »offene Gemeindearbeit« mit Angeboten zu Kunst und Kultur sind dem Pfarrer bald nicht mehr genug. Auch motiviert ihn die von ihm begrüßte Entwicklung in Polen mit der Solidarność-Bewegung, politisch aktiver werden zu müssen. Wonneberger predigt offensiv in seinen Jugendgottesdiensten zu ihn bewegenden Friedensfragen und nutzt auch den normalen Pfarrer-Dienst zu einer etwas anderen Gestaltung. Dass so etwas nicht allen gefällt, ist in den Stasiakten auch überliefert. In einem Schreiben an das Landeskirchenamt heißt es aus jener Zeit: »Aus Anlaß des einjährigen Geburtstages unseres Sohnes André haben wir die heilige Taufe in der Weinbergskirche Trachenberge angemeldet, und sie wurde durch Pfarrer Wonneberger durchgeführt. Entgegen dem Taufspruch für unseren Sohn war die Rahmenhandlung, die unter Leitung und geistiger Urheberschaft von Pf. Wonneberger durch angebliche Mitglieder der Jungen Gemeinde gebetet wurde, eine wahrliche Brüskierung aller normal empfindenden Anwesenden.« Die jungen Leute seien ungewaschen und äußerst ungepflegt aufgetreten, ihre aufgeklebten Losungen würden eher in die Disco denn in die Kirche gehören. Aber auch außerhalb des Gotteshauses würden diese langzotteligen Gesellen durch christenunwürdiges Verhalten auffallen. Nicht nur der eigenen Kirche wird also Wonneberger mehr und mehr ein Dorn im Auge. Die Staatsmacht beginnt sich vor diesem Pfarrer zu fürchten und observiert ihn quasi bei allen seinen Auftritten. So ist in einem IM-Bericht über einen von Wonneberger gehaltenen Gottesdienst vermerkt: »In seinen Worten sagte er u. a. sinngemäß: Es sind die Herrschenden, die von Frieden sprechen, aber nicht den Frieden ihres Volkes meinen, sondern die Absicherung ihrer persönlichen Macht meinen … Nur deswegen wird so viel vom Frieden gesprochen … Wir gedenken heute der Verstorbenen und auch den polnischen Brüdern, die soeben dabei sind, ihre mühsam erkämpfte Freiheit wieder zu verlieren.«

Der Weinberg-Pfarrer provoziert mit Worten. Seine Aktivitäten und die von etwa zwanzig Jugendlichen gipfeln im Mai 1981 in einem DDR-weit in Umlauf gebrachten Rundschreiben. An dem Text wird lange gearbeitet, so ist zunächst im Zusammenhang mit den Rüstungsausgaben der DDR von »Verschleuderung wertvoller materieller Ressourcen«

die Rede. Stephan Bickhardt weiß noch von den heftigen Debatten um diesen Aufruf für den sozialen Friedensdienst: »Wir saßen auf dem Weinberg auf der Ofenbank und stritten über die Frage, ob wir in den Aufruf reinschreiben, dass die DDR nicht verteidigungswürdig ist. Wir waren damals selbst erschrocken, dass wir so dachten. Die Formulierung wurde letztlich in Absprache mit Vertretern seiner Kirche herausgenommen. Wonneberger beugte sich der Mehrheitsmeinung, er sah wohl ein, dass das Wort der Verteidigungswürdigkeit als zu starke politische Zumutung empfunden worden wäre. Er hätte sonst schon wieder allein am Ufer der Elbe gestanden. Er schwor auf den Titel SoFd.«

Letztlich heißt es in einem »entschärften Rundschreiben« (Wonneberger), das dann auch von Superintendent Christoph Wetzel unterschrieben wird, mit der Anrede »Lieber Freund!« unter anderem: »Uns bedrängt die immer weiter wachsende Rüstung, im Westen und im Osten. Uns bedrängt das immer mehr zunehmende Gewicht des Militärischen in unserer Gesellschaft. Uns bedrängen auf der anderen Seite die sozialen Mangelerscheinungen, dort, wo es um die Kranken, die körperlich und geistig Geschädigten, die Alten in Alters- und Pflegeheimen, die Suchtgefährdeten und auch um die Wiedereingliederung von Strafentlassenen geht. Auf diesen Gebieten fehlt es ja erheblich an Arbeitskräften.«

Vor allem wird in dem Rundbrief eine klare Forderung an die politische Elite des Arbeiter- und Bauernstaates formuliert: »Die Volkskammer möge beschließen: Als gleichberechtigte Alternative zum Wehrdienst und Wehrersatzdienst wird ein Sozialer Friedensdienst (SoFd) eingerichtet. Die Erfassung, Musterung und Einberufung dazu erfolgt dem Wehrdienst entsprechend. Das Gesetz über die allgemeine Wehrpflicht ist dahingehend zu ändern.«

Initiative "Sozialer Friedensdienst"(SoFd)

Getrieben
von der Sorge um den Frieden in der Welt
und für das Wohl der Menschen in unserem Land

Bedrängt
von der real, wie auch im Bewußtsein der Bürger unseres Landes
zunehmend schwindenden Verteidigungswürdigkeit der realsozialisti-
schen Verhältnisse unserer Gesellschaft
- aufgrund der qualitativ und quantitativ weiterwachsenden Rüstung
mit aller damit verbundenen Verschleuderung wertvoller materieller
und menschlicher Ressourcen
- aufgrund des faktisch und publizistisch zunehmenden Gewichtes
des Militärischen in unserer Gesellschaft
- aufgrund der unzureichenden öffentlichen Wertschätzung der für
die Steigerung des Nationaleinkommens kaum oder nicht relevanten
Mitglieder unserer Gesellschaft (Alte, Kranke, Behinderte)
- aufgrund der in diesen Bereichen zunehmend fehlenden und zum Teil
(weil sachfremd gebunden) nicht berufsspezifisch ausgelasteten Arbeitskräfte

Ermutigt
- durch dem Weltfrieden dienendes politisches Engagement und den
persönlichen Einsatz einzelner
- durch Initiativen einzelner Christen und Nichtchristen, aber auch
kirchliche Aktionen, zuletzt die Vorschläge "Frieden schaffen ohne
Waffen"
rufen wir zu einer Initiative

SOZIALER FRIEDENSDIENST auf.

Die Volkskammer der DDR möge beschließen:
1. Als gleichberechtigte Alternative zu Wehrdienst und Wehrersatzdienst wird ein Sozialer Friedensdienst (SoFd) eingerichtet. Die
Erfassung, Musterung und Einberufung dazu erfolgt dem Wehrdienst
entsprechend. Das Gesetz über die allgemeine Wehrpflicht vom
24.1.1962 mit den dazu erlassenen Folgebestimmungen ist dahingehend zu ändern.
2. Der SoFd-Leistende wird zu einer 24-monatigen Dienstzeit verpflichtet
- als zeichenhafte Vorgabe seines Friedenswillens
- als Schwelle für "Drückeberger"
- als pauschale Zugabe infolge nicht vorgesehener "SoFd-Reservisten"
3. Der SoFd-Leistende genießt die gleichen Rechte wie der Wehrdienst-
Leistende (Versicherung, Entlohnung, Urlaub, Erhalt des früheren
Arbeitsplatzes).
4. Eine Kasernierung in Wohnheimen kann vorgesehen werden, um einsei-
tigen "Heimschlafvorteil" zu vermeiden.
5. Es erfolgt eine Grundausbildung in Erster Hilfe und
Katastrophenschutz.
6. Der SoFd-Leistende erhält regelmäßig politischen Unterricht mit
dem besonderen Schwerpunkt: Konfliktforschung und gewaltfreie Kon-
fliktbewältigung.
7.1.Der Einsatz der SoFd-Leistenden geschieht an sozialen Schwerpunkten
    1. Heimbetreuung (Kinderheime, Altersheime, Pflegeheime, Heime
    für körperlich oder geistig Behinderte)
    2. Krankenhaus - Hilfsdienst
    3. Sozialfürsorge (Suchtkranke, Jugendhilfe, Resozialisierung)
    4. Volkssolidarität
7.2.Besondere Zielsetzung bei 7.1. ist:
    1. Entlastung der Fachkräfte für ihre eigentlichen Aufgaben
    2. Entlastung von Familienvätern und -müttern von Nacht- und
    Wochenenddienst
7.3.Der Einsatz der SoFd-Leistenden im Bereich des Umweltschutzes
ist zu prüfen.

Das Schreiben der »Initiative Sozialer Friedensdienst«, publiziert am 9. Mai 1981.

Aufkleber für die »Initiative Sozialer Friedensdienst« (SoFd).

Wonneberger erinnert sich: »Die Sehnsucht nach einem Frieden ohne Waffen war ein Traum vieler Menschen in der DDR. Wir sprachen ihnen mit unserer Initiative aus dem Herzen. Wie aber unsere Forderungen öffentlich machen? Denn eins wollte ich im Gegensatz zu manch anderen oppositionellen Unternehmungen nicht: Ich wollte unser Vorhaben nicht vorab über die Westmedien kundtun.«

Der Pfarrer und seine Vertrauten setzen auf das Prinzip der Kettenbriefe. Man sammelt dafür das damals rare dünne Briefpapier, das für die Flugpost vorgesehen ist, und kann damit auf einer normalen Schreibmaschine bis zu zehn Mal den SoFd-Aufruf vervielfältigen. Die Briefe werden weitergereicht und in Eingaben an die Landessynoden der evangelischen Kirche in der ganzen DDR gesandt mit der Bitte, sich in Gesprächen mit dem Staat für den waffenlosen Wehrersatzdienst »Sozialer Friedensdienst« einzusetzen. So eine Initiative spricht sich natürlich schnell bei der Staatsführung und der Staatssicherheit herum. SED-Chef Erich Honecker bezeichnet SoFd in einem Fernschreiben an seine Bezirksleitungen als »staats-, verfassungs- und friedensfeindlich«. Im SED-Zentralorgan »Neues Deutschland« schreibt Ende 1981 der Cottbuser SED-Chef Werner Walde, »… daß doch bereits unsere gesamte Republik ein sozialer Friedensdienst ist«.

Gegen Wonneberger und den Superintendenten des Kirchenbezirkes Dresden-Nord, Christoph Wetzel, und fünf weitere SoFd-Akteure leitet die Stasi den Operativ-Vorgang (OV) »Provokateur« ein. In diesem mehr als 1000 Seiten dicken Aktenstück, angelegt von einer ganzen Heerschar von Spitzeln – Wonneberger erfährt später, es sind mehr als 30 – ist unter anderem zu lesen: »Besonders der Pfarrer Wonneberger unternahm große Anstrengungen, das Material SoFd besonders studentischen Kreisen zugänglich zu machen, so zum Beispiel der ESG (Evangelischen Studentengemeinde; Anm. d. A.) Dresden und Jena, er informierte darüber Pfarrer auf Pfarrertagen und ließ das Material auf dem Görlitzer Kirchentag unter den Teilnehmern verteilen. Der Wonneberger engagiert sich persönlich in einer Art und Weise, daß anzunehmen ist, daß er der Inspirator der gesamten Aktion ist bzw. das größte Interesse zeigt, mit diesem Material erpresserischen Druck auf staatliche Organe auszuüben … Das Ziel der Bearbeitung besteht darin, dem W. beweismäßig seine staatsfeindliche Hetze zu dokumentieren und mit hohem gesellschaftlichen Nutzen für die DDR zu unterbinden.« Die Stasi erstellt einen »Operativplan« zur »Einleitung offensiver Maßnahmen zur zielgerichteten Zurückdrängung der feindlichen Initiative Sozialer Friedensdienst … Auszuwählen sind solche IM, die schon Bindungen zur evangelischen Kirche haben bzw. auf Grund ihrer Persönlichkeit oder ihrer beruflichen Stellungen von den verdächtigen Personen anerkannt werden«.

Fünf Jahre dauert die spezielle und besonders intensive Überwachungsmaßnahme. Während die jungen Leute für die SoFd-Initiative im verrauchten Dachzimmer des Pfarr-

Alternative Postkartenkunst: Wonneberger bietet Dresdner Mailart-Künstlern in der Weinbergskirche eine Ausstellungsmöglichkeit.

hauses nächtelang an weiteren Aktionen basteln, plant der Staat, die nicht genehme Friedensinitiative mit allen Mitteln aus dem Weg zu schaffen. Aber allen Ideen des umtriebigen Pfarrers kommen die Spitzel doch nicht auf die Spur. So lässt sich Wonneberger von Mitgliedern der westdeutschen Partnergemeinde in Braunlage im Harz ein Vervielfältigungsgerät schicken. Jedoch nicht einfach so, denn das wäre viel zu riskant gewesen. Nicht in einem Stück wird das Gerät verschickt, sondern auseinander genommen und nummeriert in mehreren Weihnachtspaketen an verschiedene Dresdner Empfänger. Eine Druckmaschine zwischen Schokolade, Kaffee und Strumpfhosen! Herr Pfarrer, bekanntlich Maschinenschlosser von Beruf, setzt die Maschine wieder zusammen – und kann selbst drucken.

Geburt der Friedensgebete

Als Wonneberger & Co. für Ostern 1982 ein DDR-weites Treffen der SoFd-Sympathisanten in Dresden unter dem Motto »Friedensdienstfahrt« vorbereiten, wird der Druck der SED auf die Landeskirche Sachsen stärker. Kirchenamts-Präsident Kurt Domsch erklärt Wonneberger nach seinem Treffen mit dem Beauftragten der SED für Kirchenfragen Klaus Gysi: »Wir können euch jetzt nicht mehr schützen.« Wonneberger wird damit ultimativ aufgefordert, seine Aktivitäten für den Sozialen Friedensdienst einzustellen und sich auf seine eigentliche Tätigkeit als Pfarrer zu konzentrieren, ansonsten könne ihm gekündigt werden. In Absprache mit seinen Mitstreitern steckt der Pfarrer öffentlich zurück, um heimlich doch weiter zu machen. Schon lange hat man sich Gedanken gemacht, wie man SoFd eine Struktur geben könnte und regt nach dem Konflikt mit der Kirche an, die Friedensdienst-Idee in Form von dezentralen Friedensgebeten weiterzuführen. So finden schon bald regelmäßig Friedensgebete nicht nur in der Dresdner Dreikönigskirche, sondern DDR-weit statt. Wonneberger sagt rückblickend: »SoFd war somit der Beginn der unter dem Dach der Kirche stattfindenden oppositionellen Bürgerrechtsbewegung und auch der Beginn der Friedensgebete, wie sie dann im Herbst '89 zum großen Katalysator für die Friedliche Revolution wurden.«

Der unangepasste Pfarrer bleibt aber auch nach seiner Zurechtweisung seitens der Kirche der mutige Mann, zu dem sich die kritikwillige Jugend hingezogen fühlt. Aus versuchten Reglementierungen seitens der Landeskirche macht er sich nichts. So heißt es in einem Schreiben des Landeskirchenamtes vom November 1982: »Dem Landeskirchenamt ist bekannt geworden, daß Sie im Besitz einer unbekannten Anzahl von Aufnähern mit dem Aufdruck ›Hilfsbereit statt Wehrbereit‹ sind. Nach Ihren eigenen Angaben haben Sie u. a. auch im Rahmen eines Gottesdienstes solche Aufnäher

Das Landeskirchenamt Sachsen verfügt die Einziehung aller bei Pfarrer Wonneberger befindlichen Anti-Kriegs-Aufnäher.

verteilt. Unter Bezug auf die Darlegungen in seinem an Sie gerichteten Schreiben vom 3.2.1982 und die dort angeführten Rechtsvorschriften verfügt das Landeskirchenamt hiermit die Einziehung sämtlicher in Ihrem Besitz befindlichen Aufnäher, die an die Überbringer dieses Schreibens auszuhändigen sind.«

Wonneberger kann sich nicht entsinnen, der Aufforderung Folge geleistet zu haben.

Anfang 1982 knüpft er Kontakte zum Berliner Pfarrer Rainer Eppelmann, der mit dem gemeinsam mit Robert Havemann verfassten »Berliner Appell« gegen die Aufrüstung in der DDR Front macht. Was zu lesen ist, ist auch tiefstes Wonneberger-Denken: »Es kann in Europa nur noch einen Krieg geben, den Atomkrieg. Die in Ost und West angehäuften Waffen werden uns nicht schützen, sondern vernichten. Wir werden alle längst gestorben sein, wenn die Soldaten in den Panzern und Raketenbasen und die Generäle und Politiker in den Schutzbunkern, auf deren Schutz wir vertrauten, noch leben und fortfahren zu vernichten, was noch übrig geblieben ist.«

Wonneberger setzt sich für eine Verbreitung des Aufrufs ein, diskutiert ihn im Gottesdienst und sammelt Unterschriften dafür. Dies ist äußerst mutig, ist doch die Zahl der Unterzeichner überschaubar.

Jetzt handelt der Staat. Eppelmann und Wonneberger werden »zugeführt und verhört«. In Dresden gibt es ein Treffen beim Rat des Bezirkes, Abteilung Inneres. Der Präsident des Landeskirchenamtes, Kurt Domsch, wird über den Fall informiert. In einem Protokoll, unterzeichnet vom Genossen Ullmann, Stellvertreter des Vorsitzenden für Inneres des Rates des Bezirkes, ist zu lesen: »Anlaß des Gespräches war der Telefonanruf vom Präsidenten Domsch bezüglich der ›Festnahme‹ von Pf. Wonneberger, Weinbergskirche, am 17. 02. 1982. Ich informierte …, daß es sich um eine Befragung handelte und gab die gesetzliche Grundlage bekannt. Anlaß für diese Befragung habe Pf. Wonneberger dadurch gegeben, daß er am Sonntag, dem 14. 02. 1982 im Jugendgottesdienst den ›Berliner Appell‹ verlas und Unterschriften dafür einholte (Von ca. 100 Teilnehmern gaben 26 ihre Unterschrift).« Kirchenpräsident Domsch gibt in der genannten Unterredung zu Protokoll, dass die staatlichen Organe bezüglich der »Befragung« Wonnebergers nicht anders handeln können. Auch sei er dankbar darüber, dass Wonneberger die eingeholten Unterschriften verbrennen durfte. Es sei eine große Beruhigung für sie, dass die Unterzeichner nicht in Bedrängnis geraten. Manch einer von ihnen sei sich wohl nicht der Tragweite seines Handelns voll bewusst gewesen.

SoFd-Gründungsmitglied Roland Brauckmann, bis heute Verfechter der Menschenrechte, erinnert sich noch genau an den damaligen Vorgang: »Es zeigt sich doch nur, wie abhängig die Kirche in der DDR vom Staat war.« Er selbst, der als gelernter Schriftsetzer im kirchlichen Rüstzeitheim in

Humoristische Umsetzung des Appells mit Ehefrau Ute.

Schwarzkollm in der Oberlausitz eine illegale Siebdruckerei betreibt und dort in zigtausender Auflage Aufkleber und politische Schriften herstellt, wird festgenommen, weil er nicht wie die Pfarrer Eppelmann und Wonneberger den Schutz der Kirche beanspruchen kann. Brauckmann gilt als »Staatsfeind«. In einem Bericht der Stasi heißt es, dass »er an allen aufgeführten Zusammenkünften des Sozialen Friedensdienstes teilnahm und im Siebdruck hergestellte Aufkleber mit Aufschriften ›Frieden schaffen ohne Waffen‹ sowie ›Kopfarbeit statt Kriegsarbeit‹ beteiligt war. Weiterhin nutzte er als Mitarbeiter der ›offenen Jugendarbeit‹ Schneerose (Hoyerswerda) seine überregionalen Kontakte, u. a. zu *Amnesty International*«.

Da bei einer Durchsuchung in Brauckmanns Wohnung zudem ein Solidarność-Plakat gefunden wird und er bei der Vernehmung zugibt, dieses Plakat seinen Freunden gezeigt zu haben, ist der Tatbestand der »Öffentlichen Herabwürdigung der Bündnisbeziehungen der DDR« (§ 220, Abs. 2 StGB) erfüllt. Traut sich die Staatsmacht nicht, gegen die Pfarrer Eppelmann und Wonneberger mehr als nur Verhöre einzuleiten, so wird Brauckmann zu 20 Monaten Haft ohne

Bewährung verurteilt. Sein von der sächsischen Kirchenleitung bezahlter Anwalt heißt Wolfgang Schnur, der nach 1990 als IM enttarnt wird. Brauckmann sitzt 15 Monate im Gefängnis Cottbus, es gibt Solidaritätsbekundungen für ihn mit Konzerten von Bettina Wegner und Gerhard Schöne, Briefe werden an den Ministerrat der DDR geschrieben, um seine Freilassung zu erwirken. Am Ostermontag 1983 wird der Bürgerrechtler im Rahmen des Häftlingsfreikaufs in die Bundesrepublik abgeschoben.

Eine Gewissensfrage

Das Schicksal Roland Brauckmanns beschäftigt Christoph Wonneberger bis heute, denn er fragt sich noch immer: »Habe ich genug für ihn getan? Damals hätte man vielleicht zu dem Schluss kommen können, dass das nicht der Fall war. Was aber nicht stimmt. Ich überlegte immer intensiv, bevor wir etwas taten. Ich wusste ja auch nicht im Detail, was Roland insgeheim machte: Tausende Aufkleber, Flugblätter. […] Mein lieber Mann, hätte ich das gewusst, hätte ich ihm schon gesagt, wie riskant das ist.« Wonneberger ist mit sich im Reinen, weil er überzeugt davon ist, niemanden gefährdet zu haben. Brauckmann, der gleich nach der Friedlichen Revolution aus dem Westen zurückkam, engagiert sich heute für Gedenkstätten (für das Menschenrechtszentrum Cottbus e. V. im ehemaligen Gefängnis, in dem er einsaß), für Opferbetreuung und immer noch für *Amnesty International* mit dem Schwerpunkt Nordkorea. Er wirft seinem damaligen Verbündeten auch nichts vor. Der nunmehr 54-Jährige sagt über »Wonni«: »Christoph war für mich, er war für uns ein ganz wichtiger Mann, er hatte immer Ideen und machte uns mit seinen intelligenten Aktionen Mut. Angst vor dem Geheimdienst war ihm fremd, er war uns vor allem darin ein großes Vorbild.«

Brauckmann hatte Wonneberger 1981 kennengelernt. Der eigentlich marxistisch geprägte Jugendliche, der in der Plattensiedlung Hoyerswerda-Neustadt für die Diakonie tätig ist, fühlt sich hingezogen zu diesem mutigen Prediger. Brauckmann erinnert sich: »Ich war begeistert, wie Wonneberger in der Weinbergsgemeinde eine Jugendgruppe um sich scharte und uns nicht führte, sondern ermutigte, selbst was zu tun. Er hat sich nicht als der Wortführer dargestellt. Uns einte damals alle dasselbe: Die Angst vor dem Atomkrieg. Deshalb entwickelte Wonneberger die Idee eines sozialen Friedensdienstes. Das war neu für die DDR, in der für Abweichler nur ein waffenloser Militärdienst als so genannte Bau- oder Spatensoldaten vorgesehen war. Wonneberger lehrte uns demokratisches Kommunikationsvermögen.« Brauckmann ist in jenen Monaten fasziniert, wie sich dieser Pfarrer furchtlos in die Sachen des Staates einmischt. Dieses Verhalten führt Brauckmann darauf zurück, dass Wonneberger aus einer intakten lutherischen Kirchenfamilie stammt und der Vater als Oberkirchenrat eine Schutzperson ist. Auch werden Anfang der 1980er Jahre in der DDR die renitenten Pfarrer nicht mehr verhaftet, sondern »nur« mundtot gemacht, beispielsweise durch Reglementierungen seitens der Räte der Bezirke, die die Kirchenleitungen unter Druck setzen. Nochmal Brauckmann: »Wonneberger war kritischer Geist, Dissident und Provokateur und arbeitete nach seiner Dresdner Zeit genauso in Leipzig. Aus dem Vorgang der Staatssicherheit namens ›Provokateur‹ wurde der Operative Vorgang ›Lukas‹. Bis zum Ende der DDR war Wonneberger der mutigste Kopf des von der Kirche ausgehenden Widerstandes. Viele andere christliche Chargen fügten sich dem von der SED inszenierten Dialog mit der Kirche, was nichts anderes bedeutete, als sich dem Staat unterzuordnen. Wonneberger hatte keine Angst vor der Staatssicherheit und auch nicht vor seinen Kirchenleitungen. Er ließ sich nicht instrumentalisieren und riskierte nicht nur einmal seine Existenz als Pfarrer.«

Das Ehepaar Ute und Christoph Wonneberger am 17. Oktober 1989 mit
den beiden Kindern.

Heirat und Fasten

In Dresden ändert sich das private Leben des Christoph
Wonneberger. Mit jetzt fast 30 Jahren hat er an Ehe und
Familie noch nie gedacht. 1982 lernt er seine Ehefrau Ute
kennen. Ihre Großmutter liegt in einem der Dresdner Pflege-
heime, die ja auch Wonneberger zur Genüge kennenlernen
muss. Ute will die Oma »rausholen« und privat pflegen, sie
fragt den Pfarrer der Weinbergsgemeinde um Rat, bittet um
Unterstützung bei der Beschaffung eines Rollstuhls. Damit
aber nicht genug. Christoph Wonneberger erinnert sich: »Es
funkte zwischen uns. Als wir heirateten, kannten wir uns erst
wenige Monate, und von denen waren wir sogar oft nicht
zusammen. Mein Bruder Gottfried baute gerade in Berlin
sein Haus, ich half ihm. Wie mich die große Liebe erwischt
hat? Keine Ahnung. So ist eben das Leben …« Die Pflege der
Großmutter zählt zu den ersten großen Herausforderungen
der jungen Eheleute. Wonneberger ist angekommen in einer
Familie. Ute und Christoph haben schon bald zwei Kinder.

Josef ist heute in der weiten Welt unterwegs und als Bootsbauer auf einer Werft in Australien tätig, Marie hat eine Ausbildung zur Sprachtherapeutin absolviert. Wonneberger freut
sich über den »wohl geratenen Nachwuchs« und auch über
die Möglichkeiten, die sich heute den jungen Leuten in der
neuen Zeit bieten. Er selbst habe nie an Fernweh gelitten:
»Mein Australien lag in Polen.«

Anfang der 1980er Jahre ist das (geistige) Kind Wonnebergers
der Soziale Friedensdienst – »SoFd«. Nachdem nun dieses
aufmüpfige Wesen Staat wie Kirche einigermaßen in Unruhe
versetzt hat, gelingt es dem Bürgerrechts-Pfarrer immer
wieder, mit neuen Initiativen auf Missstände aufmerksam
zu machen. Auch 1983 gibt es in der evangelischen Kirche die Friedensdekade. Wonneberger wäre nicht er selbst,
würde er sich für diese zehn Tage im November nicht etwas
Besonderes einfallen lassen. So ruft die Weinbergsgemeinde
zur Aktion »Fasten für das Leben« auf. In einem »Warum?-
Papier«, das in der Kirchgemeinde kursiert, heißt es: »In der
biblischen Tradition ist das Fasten Ausdruck tiefer innerer
Betroffenheit und Erschütterung eines Menschen. Es ist
äußeres Zeichen gesammelter Konzentration auf Sinn und
Ziel des eigenen Lebens, dem Geist als Besinnung Nach-
druck verleihend, und aktive Vorbereitung auf bevorstehende
wesentliche Entscheidungen …« Wonneberger spannt den
Bogen bewusst über den christlichen Ansatz hinaus. Er will
die öffentliche Debatte. Von der Friedensfrage beeindruckt,
schreibt er: »Fasten ist ein zeichenhaftes Handeln in Richtung Abrüstung. Ich bin eher bereit zu einem (Teil)Verzicht
auf gewohnte Dinge, auch einseitig, als zu ihrer Verteidigung mit allen Mitteln. Die Folge gegenseitiger Appelle und
gegenseitiger Maximalforderungen im politischen Bereich
wird kollektiver Selbstmord sein.« Zum Schluss des von
Wonneberger erarbeiteten Papiers heißt es: »Eine mögliche
Fastenerfahrung: Ich bin nicht ohnmächtig. Ich bin belastbar,

Konzert mit Barbara Thalheim in der Weinbergskirche, Anfang der 1980er
Jahre.

nicht nur mit dem Kopf, sondern als ganzer Mensch. Ich
kann etwas (er)tragen.«

Zehn Tage lang dauert das Event. Jeden Abend gibt es
öffentliche Veranstaltungen, unter anderem mit den Lieder-
machern Bettina Wegner, Barbara Thalheim und Stephan
Krawczyk. Am Ende der Aktionstage wird ein Brief verfasst,
der von der Weinbergsgemeinde sowohl an die Volkskammer
der DDR als auch an den Deutschen Bundestag geschickt
wird: »Wir sind in der Weinbergskirche Dresden zu einer
›Fastenstafette für das Leben‹ zusammengekommen. Jeder
von uns hat sich in den vergangenen zehn Tagen durch ein
24-stündiges Wachen, Beten und Fasten gesammelt, geprüft
darauf vorbereitet, als einzelner verantwortlich zu leben. Die
Erfahrungen, die wir dabei gemacht haben, brachten uns
einen kleinen Schritt näher an die Seite der Menschen, vor
allem in der Dritten Welt, die täglich unseren ›östlichen‹
und Ihren ›westlichen‹ Sicherheitsinteressen geopfert werden. Unser Lebensstil, die Verteidigung unseres Lebensstils,
unsere ›Sicherheit‹ kostet die das Leben, die uns Schwestern

Heute im Zeitgeschichtlichen Forum: Fastenteppich, der als Applikation zusammengesetzt wurde.

und Brüder geworden sind. Gemeinsam droht uns Vernichtung. Das macht uns gemeinsam verantwortlich und zwingt uns, den politischen Gegner ganz neu als Partner gemeinsamer Sicherheit zu verstehen. Deshalb sind wir entschlossen, uns nicht länger vom Geist der Abschreckung bestimmen zu lassen, uns nicht länger der Logik der Abschreckung zu unterwerfen und uns nicht länger an der Praxis der Abschreckung zu beteiligen. Einseitig, für uns selbst, haben wir uns für das Leben entschieden. Unser Fasten ist ein erster kleiner Schritt innerhalb unseres Entscheidungsspielraumes, ein Zeichen unserer Umkehr zum Leben.«

Ob die Briefe ihre Adressaten erreichen, erfährt Wonneberger nicht, denn Rückmeldungen gibt es nicht. Er ist aber auch noch heute davon überzeugt: »Solche Dinge waren sehr wichtig und haben, davon bin ich fest überzeugt, zur fortschreitenden Erosion der bestehenden Verhältnisse beigetragen.«

Als ein greifbares Dokument jener Fasten-Dekade ist auch ein Teppich erhalten geblieben, den die Teilnehmer des Fastens für das Leben als einen Lebensbaum gemeinsam gestalteten. Er ist im Besitz des Zeitgeschichtlichen Forums in Leipzig und sollte irgendwann einmal aus dem Depot den Weg in die Öffentlichkeit finden.

Die Freiheit des Narren

Wonnebergers Weinbergskirchenjahre sind en détail dokumentiert in den Akten des Mielke-Ministeriums. »Die Berichte sind umfassend und entsprechen oft der Wahrheit. Die Stasi war also mein Eckermann. So genau hätte ich all das, was wir taten, nie festhalten können. Auch war es ja nie der Fall, dass ich akribisch alles aufhob«, so Wonneberger heute. Und lächelt, wenn er »nachlesen« kann, dass er im April 1979 auf dem Dresdner Heller, damals militärisches Sperrgebiet und von den sowjetischen Besatzern vereinnahmt, einfach über den Zaun stieg, um sich ein Stück Stacheldraht zu besorgen, den er zu Ostern dem Gekreuzigten in seiner Weinbergskirche umlegen wollte. Wonneberger heute: »Wo sollte ich denn sonst Stacheldraht finden? Leider wurde meine Aktion entdeckt und ich kurzzeitig zugeführt.« Hat er denn aber gespürt, Spitzel um sich herum zu haben? – »Geahnt habe ich das schon, doch ich habe mich davon nie beeinflussen lassen. Die werden mit dabei sein, sagte ich mir. So war das nun mal in der DDR. Hätte ich das Thema Stasi aber mehr an mich heran gelassen, hätte ich durch diese Schere im Kopf nie effektiv arbeiten können. Meine Denkweise, mein Nie-Angst-Zeigen, dürfte wohl letztlich auch meine Spitzel irritiert haben.« Auch noch 30 Jahre danach kann Wonneberger in neu gefundene Akten Einsicht nehmen. So zum Beispiel in den ausführlichen handschriftlichen Text eines Interviews, das der Weinberg-Pfarrer am 22. September 1983 der norwegischen Rundfunk-Journalistin Helene Klingenberg gibt. Sie hält sich laut dem Stasi-Bericht »anläßlich des Lutherjahres mit einer Touristengruppe in der DDR auf. Ihr Quartier befindet sich im Berliner Palast-Hotel … Helene Klingenberg, ca. 45 – 50 Jahre, mittelbraunes Haar, mittelgroß, kräftig … Dauer des Gesprächs in Wonnebergers Studierstübchen im Pfarrhaus der Weinbergskirche 3 ½ Stunden …«. Eine der Fragen der Journalistin lautet: »Pfarrer Wonneberger, Sie haben einen Vorschlag zu einem sogenannten Friedensdienst gemacht, der nicht öffentlich bekannt wurde?« Antwort Wonneberger: »Hintergründe für den sozialen Friedensdienst bilden die hohen militärischen Ausgaben, dazu wird im Gegensatz zu wenig im sozialen Bereich getan. Unter dem Friedensdienst verstehen wir eine freiwillige Mehrleistung, d. h. statt 1 ½ Jahre zwei Jahre im sozialen Dienst abzuleisten und zu arbeiten, wobei diese Arbeit durchaus nicht leichter ist, im Gegenteil, sie stellt hohe Anforderungen. Wo gearbeitet werden könnte, wäre z. B. in Altersheimen, Pflegeheimen, Heimen für geistig und körperlich Behinderte. Dazu noch der Umweltschutz, da z. B. Waldberäumung usw., wobei noch der Vorteil zu sehen wäre, weil Arbeitskräfte aus der Industrie nicht für solche Arbeiten freigestellt werden müßten und so dort keine Lücken entstehen. Was den Bausoldaten betrifft, der wird oft zu Arbeiten herangezogen, die sich nicht mit seinem Anliegen vereinbaren lassen.«

Wonneberger spricht im Interview auch über das DDR-Strafrecht, über seinen Pfarrer-Kollegen Rainer Eppelmann und dessen intensive Beziehungen zu den West-Medien und auch über die Opposition in den Kirchen in der DDR. Zum Schluss fragt die Journalistin, ob sie denn den Namen Wonneberger bei ihrer Reportage erwähnen darf. Antwort von ihm: »Ich weiß, daß ich mich mit diesem Interview strafbar gemacht habe. Die Paragraphen dazu hatte ich Ihnen ja selbst vorgelesen. Trotzdem können Sie meinen Namen in Norwegen nennen, denn Sie müssen wissen, Pfarrer haben bei uns Narrenfreiheit. Uns droht keine Haft wie den anderen und sollte es dennoch passieren, geht es so aus, wie es mit Eppelmann gewesen ist.«

Berichterstatterin für den Staatssicherheitsdienst ist im genannten Fall auch IMB »Gerda Helmert«. IMB nahmen in der »Spitzelhierarchie« des MfS einen Platz weit oben ein. Sie waren so wichtig, weil sie unmittelbaren Kontakt zu den »feindlichen« Zielpersonen hatten, deren Vertrauen besaßen und direkt für Verfolgungsmaßnahmen eingesetzt werden konnten. Die Gruppe der IMB war vergleichsweise klein. »Gerda Helmert« wird im Abschlussbericht über den Operativen Vorgang »Provokateur« lobend erwähnt. Von 1981 bis 1985 sind ebenso die Spitzel »Karl-Heinz Adam« und »Elisabeth Herberg« aktiv bei der intensiven Observierung des Pfarrers beteiligt. Im Abschlussbericht der Kreisdienststelle Dresden-Stadt des Ministeriums für Staatssicherheit heißt es Anfang 1985: »Durch die erarbeitete Stellung der IM im Rahmen der Initiativgruppe SoFd und der späteren Arbeitsgruppe Frieden der ev.-luth. Weinbergsgemeinde Dresden konnten rechtzeitig Hinweise auf geplante Aktivitäten des Pfarrers W. und der Gruppe erarbeitet und der Einfluß auf die Verhinderung feindlich-negativer öffentlichkeitswirksamer Aktivitäten ausgeübt werden. So ist es gelungen das überregionale Arbeitstreffen der Vertreter der Arbeitskreise SoFd vom Dezember 1981 unter operativer Kontrolle zu halten und die Personen zu identifizieren, das geplante überregionale Treffen aller SoFd-Sympathisanten zu Ostern 1982 zu verhindern. Durch die zielgerichtete Arbeit der IM sowie anderer operativer Maßnahmen ist es gelungen, die Kirchenleitung des

Landeskirchenamtes Sachsen laufend über feindlich-negative Aktivitäten des Pfarrers W. zu informieren und die Forderung nach Disziplinierung des W. nachdrücklich zu erheben. Damit konnte der innerkirchliche Differenzierungsprozeß vorangetrieben werden … Im April 1984 beendete Pfarrer W. seine Tätigkeit … Die Personen bleiben weiter unter Kontrolle der IM.« Die Staatssicherheit spricht in ihren unter dem Decknamen »Provokateur« angelegten Dossiers abschließend von einer »erfolgreichen Zersetzungsmaßnahme«.

Was Wonneberger rückblickend gar nicht so sieht: »Die hatten wohl gedacht, das hat sich erledigt. Jetzt ging es doch in Leipzig erst richtig los.«

Zurück in Leipzig

»Die Jahre in der Dresdner Weinbergsgemeinde waren für mich als Pfarrer spannend und prägend. So richtig wohl fühlte ich mich hier aber doch nicht. Die Stadt, die Gemeinde kamen mir zu bürgerlich vor, auch störte mich das eher eingefrorene Klima der Kommunikation«, erinnert sich Wonneberger. Er habe genau jene Nischen gespürt, in die man sich zurückziehen und es sich im Sozialismus ziemlich bequem machen konnte – »und das nicht nur auf dem Weißen Hirsch, wie es uns ja auch der Schriftsteller Uwe Tellkamp in seinem Roman ›Der Turm‹ erzählt«. Der Pfarrer Wonneberger möchte viel lieber mit Leuten zu tun haben, die sich nicht abkapseln und klagen und sich meist nur bemitleiden ob ihres Lebens in der DDR. Er will der Mann der Offenheit sein und hält so rein gar nichts von einer Parallelgesellschaft, in der man die Wunden lecken kann, um dann anderswo doch der gute und angepasste DDR-Bürger zu sein. Also kommt Wonneberger 1985 die neue Aufgabe als Pfarrer der Leipziger Lukaskirchgemeinde gar nicht unrecht. Ist auch die Messestadt in jener Zeit ein herausragendes Spiegelbild des schleichenden

Der Turm der Lukaskirche hinter Ruinen im Stadtteil Volkmarsdorf.

DDR-Verfalls, so stellt sich innerhalb jener überall sicht- und spürbaren Krise der Arbeiter-Stadtteil Volkmarsdorf im Leipziger Osten noch als besonderer Sanierungsfall dar.

Neu-Pfarrer Wonneberger hat zunächst erst einmal vor allem mit dringenden Reparaturarbeiten an und in seinem Pfarramt zu tun. Der Seelsorger beweist sich erneut als ein technisch und handwerklich begabter Mensch, was in der Mangelgesellschaft DDR sehr hilfreich ist. Bevor also auch Frau und Oma mit nach Leipzig kommen können, ist der Pfarrer als Handwerker aktiv. Das baulich desolate Pfarramt ist zu restaurieren. Alles Mögliche muss gemacht werden. Wonneberger zieht neue Balken ein, weil die alten über die Jahrzehnte vom Schwamm zerfressen sind. Er sucht sich, wie das nun mal in der DDR so üblich ist, die Baustoffe überall zusammen. Der Pfarrer schleift mühsam Dielen ab. Dicker Lack muss runter, und das auf 120 Quadratmetern. »Das Haus war ja eine halbe Ruine. Mein Vorgänger kümmerte sich nur um die Kirche, damit die nicht zusammenfällt. In seiner Wohnung tat er aber gar nichts«, erinnert sich Wonneberger an diese ersten Leipziger Monate. Ist dann die eigene Wohnung einigermaßen in Schuss gebracht, so ist das Pfarramt dran. Das ganze Haus wird, wie sich Wonneberger erinnert, »durchgesägt«, damit die durchnässten Mauern trockengelegt werden können.

Die Kopfarbeit kommt eine Zeit lang erst nach der Handarbeit. Im Herbst 1985 kann Wonneberger dann erstmals auch an seiner neuen Wirkungsstätte in ureigener Sache aktiv sein. Er ruft zur Aktion »Fasten für den Frieden« auf. Zehn Tage und Nächte lang ist in der Lukasgemeinde ohne Unterbrechung etwas los. Im einzigen beheizbaren Gemeinderaum wird rund um die Uhr gebetet und über aktuelle Themen debattiert, mal sind die einen da, mal die anderen dran. Jeden Abend geht man zudem in die Öffentlichkeit und bietet zum Thema »Frieden und Soziales« Veranstaltungen an. Wonnebergers Idee funktioniert auch hier. Es gibt ja auch im Leipziger Osten, wo meist die einfachen Leute leben, keine Distanz, man geht, wie Wonneberger sich erinnert, »handfest miteinander um«, von Nischen wie am Dresdner Weinberg gar keine Rede. Auch hinterlässt der neue Pfarrer mit seinem praktischen und pragmatischen Handeln schnell Eindruck. Der Mann steht ja auch selbst auf dem Gerüst am neugotischen Gotteshaus, um hoch oben die Mauerwerksfugen auszubessern. Geld seitens der Kirchenleitung steht eher nicht zur Verfügung. Man muss meist aus Nichts etwas machen. Das Dach des Kirchturms ist neu zu decken. Das managt Wonneberger genauso wie die Neugestaltung des Altarraums in der Lukaskirche. Hier fehlt, kaum zu glauben, schon immer – ein Kreuz. Wonneberger: »Das übernächste Haus am Gemeindeamt wurde gerade abgerissen. Wir bauten intakte Dachbalken aus und diese vor unserer Kirche, es war bewusst ein Karfreitag gewählt, zu einem Kreuz für unsere Kirche zusammen. Ich ging mit der Kreissäge und dem Stechbeitel zur Sache, ein Schlosser schweißte uns einen Fuß. Ich suchte Stacheldraht und brachte vorgetriebene Zweige an dem in der Lukaskirche aufgerichteten Kreuz an. Das passte alles, es musste ja nichts Feines sein. Wir wollten uns unser Leben doch nicht schön reden.« Superintendent wie Kirchenbaurat zeigen sich trotz einiger Bedenken dann eher wohlwollend gegenüber der eigenmächtigen Volkmarsdorfer Kreuzaufrichtung.

Mit dieser Aktion spürt Wonneberger endgültig: »Hier gehöre ich hin.« Im Sommer 1986 überträgt ihm Superintendent Friedrich Magirius, dem als landesweiten Leiter der »Aktion Sühnezeichen« Wonnebergers Dresdner Aktivitäten gut bekannt sind, die Organisation der Friedensgebete an der Nikolaikirche. Wonneberger zögert nicht, denn er weiß nach den vergangenen anstrengenden Monaten jetzt auch dafür die Hände frei zu haben. Haus und Kirche sind weitgehend saniert, und nach dem Tod der pflegebedürftigen Großmutter hat der Pfarrer nun auch privat mehr Freiheit für so ein Engagement.

Friedensgebete in St. Nikolai gibt es schon seit 1982 regelmäßig. Denn auch hier war man dem Aufruf der Aktion »Sozialer Friedensdienst« aus der Dresdner Weinbergsgemeinde gefolgt. Große Wirkung haben die Gebete aber in Leipzig bis dato kaum, oft wird die Kirche nur für eine Handvoll Leute aufgeschlossen. Wonneberger will der vorhandenen Tradition neue Impulse verleihen. Er sucht nach Partnern, die die Friedensgebete mitgestalten. Die Evangelische Studentengemeinde ist mit dabei, eine Gruppe, die sich für die Interessen von Homosexuellen stark macht, ebenso. Auch die von Wonneberger im Frühjahr gegründete »Gruppe Menschenrechte« findet mit den Friedensgebeten eine Plattform für Andacht und Gedankenaustausch. Auch Katholiken bringen sich ein in das Friedensgebet-Projekt, so wird Friedel Fischer von der Plagwitzer Liebfrauenkirche ein zuverlässiger Partner. Er erinnert sich an eine Episode, als auch er die Angst vor der Staatsmacht verlor: »Ich besuchte mit meiner Pfarrjugend wieder mal das Friedensgebet in der Nikolaikirche. Auf dem

Das Plakat für das erste Friedensgebet in der Dresdner Dreikönigskirche, April 1982.

Nachhauseweg wurde ein Jugendlicher, obwohl er sich nichts zuschulden hatte kommen lassen, abgeführt. Ich rief die Polizei an, dort sagte man mir, dafür nicht zuständig zu sein. Also ging ich zur Stasi und wurde vorgelassen. Wenige Tage zuvor hatte ich von Freunden aus dem Westen eine neue japanische Uhr mit allem Schnickschnack geschenkt bekommen, ich trug sie provokant und spielte beim Gespräch nervös an ihr rum, worauf der Stasimann nicht mehr zuhörte, sondern nur noch auf die Uhr starrte. Er meinte wohl, ich wolle mit meinem Wunderding am Arm das Gespräch aufnehmen. Da merkte ich auf einmal: Die Macht der Stasi besteht ja nur darin, Angst vor ihr zu haben.«

Fischer erwirkt die Freilassung des Festgenommenen und hat von nun an keine Angst mehr vor der Stasi. Er predigt im Sinne der Ökumene in den von Wonneberger organisierten (evangelischen) Friedensgebeten und hängt – als es im Herbst 1989 so richtig brenzlig wird – auch an seine Liebfrauenkirche das Schild »Offen für alle« an die Tür.

Wonneberger ist findig, er macht sogar Werbung für die Friedensgebete. Gegenüber seines Volkmarsdorfer Pfarramtes lässt er sich nachts in eine Druckerei einschließen und stellt vom Satz bis zum Druck hunderte Plakate her, mit denen dann in den Leipziger Kirchen auf die Friedensgebete hingewiesen werden kann. Die zuständige Kirchenleitung lächelt über die nicht abgesprochene Aktion eher finster. Nicht genehmigte Druckerzeugnisse gelten nun mal im Sozialismus als ganz heißes Eisen. Um sicherzugehen, hat aber Wonneberger auf die Plakate ebenso eigenmächtig »Nur für den innerkirchlichen Gebrauch« gestempelt. Das macht die Sache nicht leichter, fühlt sich doch damit auch das Kirchenamt hintergangen.

Konzert mit dem Staatsfeind

Wonnebergers Lukaskirche wird mehr und mehr zum wichtigen Sammelpunkt oppositioneller Aktivitäten und aus Sicht der SED-Macht zum Zentrum staatsfeindlicher Aktivitäten. Anders werden die Auftritte von Stephan Krawczyk seitens des Staates nicht gewertet. Der Liedermacher ist schon wie seine Lebenspartnerin Freya Klier mit Berufsverbot belegt. Die beiden lassen sich nicht einschüchtern, sondern legen sich weiter offen mit dem Staat an. Ihre einzigen Auftrittsmöglichkeiten sind dabei die Kirchen. Auch in der Volkmarsdorfer Lukaskirche tritt also Krawczyk auf. Und das im Jahr 1987 zweimal. Am 22. März gibt Krawczyk sein erstes Konzert. Die Kirche ist rappelvoll, natürlich ist auch die Stasi mit da. So ein staatstreuer Gast schreibt danach an den Leipziger Oberbürgermeister Bernd Seidel (SED): »Ich möchte Ihnen hiermit die Frage stellen, wie Sie es verantworten können, ein solches Subjekt in der Öffentlichkeit auftreten zu lassen.« Auch Gastgeber Lukaspfarrer Wonneberger muss sich erklären, und seine Kirchenleitung und Landesbischof Johannes Hempel rügen ihn für den Krawczyk-Auftritt. Am 25. Oktober, also nur wenige Wochen vor seiner Ausbürgerung aus der DDR, tritt der Protest-Liedermacher erneut bei Wonneberger auf. Noch am Tag zuvor versucht der Stellvertreter des Leipziger Oberbürgermeisters den Superintendenten Johannes Richter zu bewegen, die Auftritte Krawzcyks, der auch in der Leutzscher Laurentiuskirche singen will, abzusagen. Was freilich nicht gelingt. Krawczyks aufrührerische Songs sind in der Lukaskirche zu hören. So auch sein Song »Wieder Stehen«:

Lang genug auf Eis gelegen,
lang genug umsonst geheult,
muss die starren Glieder regen,
eh' der Frost ins Herz sich beult.

Stephan Krawczyk bei seinem Konzert in der Lukaskirche im März 1987.

Hoffnung kommt nicht vor der Trauer,
Rettung kommt von Ohnmacht nicht,
Leben ist von kurzer Dauer,
keine Zeit mehr für Verzicht.

In den Wirren deiner Strähnen
muss ich dir nicht widersteh'n,
abgestürzt vom Rand der Tränen
kann ich in dir untergeh'n.

Es ist Krawczyks stärkstes Lied. Die meist jungen Leute sind fasziniert. Freya Klier hat jene Konzerte in ihrem 1988 im Westen erschienenen Buch »Abreiß-Kalender« verewigt. Zu dem ersten Leipziger Krawczyk-Konzert im Frühjahr ist dort treffsicher zu lesen: »Stephan hat mehrere Konzerte, darunter zwei große in Leipzig und Halle. Die Kirchen sind sehr voll, ein Hoffnungsschimmer. Gleichzeitig verschärfen die Staatsorgane den Druck auf kirchliche Einrichtungen. Dort, wo der Pfarrer nicht spurt, fordert man den Ranghöheren zum Eingreifen auf.« Über den Auftritt am 25. Oktober 1987 in der Lukaskirche schreibt Freya Klier: »Gleich morgens hinüber nach Leipzig. Stephan hat dort ein Nachmittagskonzert. Überall stehen Bullen, schauen zu uns ins Auto. Es ist keine Einbildung. Weil ich stark damit rechne, daß ich jetzt dran bin, fahre ich strikt 20 km/h unter der zugelassenen Höchstgeschwindigkeit. In Leipzig ein stark besuchtes Konzert. Die Kirche von Stasi umstellt, der Pfarrer gebeutelt vom einwöchigen Staatsdruck. Während Stephan sich einspielt, gehe ich hinüber zu einer Stasi-Zweiergruppe. Fordere sie auf, endlich mal mit hineinzukommen und sich anzuhören, was die Menschen so bewegt. Sie sind sichtlich irritiert, erwarten Provokationen. Schließlich gelingt mir mit dem Älteren doch ein kleines Gespräch. Irgendwie tut er mir leid – er ist tatsächlich davon überzeugt, daß die Jugendlichen hier gar keine Probleme haben, sondern alle vom Westen aus gesteuert sind.«

Wonneberger, ein von der Staatsmacht gebeutelter Pfarrer? Er erinnert sich: »Sicher, es gab Druck seitens des Landeskirchenamtes. Es gab auch verschiedene Gespräche. Das hat mich aber alles nicht gestört. Ich entgegnete auf die Einlassungen nur: Das passt schon. Stephan trat im Herbst kurz vorm Reformationstag auf. Die christliche Botschaft dieses Tages harmonierte sehr gut mit seinen Liedern. Warum sollte ich also absagen? Es war aber nicht nur ein Konzert, ich gab als Pfarrer Impulse zur Besinnung. Ich verteilte Zettel, wie man das Wieder-Stehen deuten kann. Das Haus war voll. Mehr Leute gingen nicht rein.« Wonneberger hatte ja auch richtig Werbung gemacht und auf seiner Pfarrhaus-eigenen Siebdruckvorrichtung 150 Plakate gedruckt – und die nicht etwa auf billiges, sondern auf orangenes Röntgenpapier, das gemeinhin zwischen die Aufnahmen gelegt wird. »Diese farbigen Aufrufe wurden gesehen im grauen Leipzig«, erinnert sich Wonneberger. Das klinge heute alles so einfach, habe aber »richtig Arbeit gemacht«. Auch der Kirchenleitung. Wieder mal hat sich Landesbischof Johannes Hempel um seinen renitenten Pfarrer zu kümmern. Es fallen kritische Worte, aber nicht mehr, keine Rüge, keine Abmahnung. Wonneberger versteht das letztlich doch als »stumme Zustimmung«.

Auch für Stephan Krawczyk, der als politischer Künstler weiß Gott viel erlebt hat, bleiben die Auftritte in der Leipziger Lukaskirche »unvergessen«. Wird er danach gefragt, redet der Sänger zu gern darüber: »Die Hütte war voll. Es knisterte. Ich trat mit kessen Parolen auf. Schon im Vorfeld des Konzertes machte ja die Stasi mobil. Wonneberger hat das, so glaube ich zu wissen, alles nicht interessiert. Wie er jene Jahre meisterte, das imponiert mir noch heute. Er ist ja klein und scheinbar zerbrechlich, manchmal dachte ich mir, der schwebt doch durch unsere Welt. Dann konnte er aber auch so stark und so unnachgiebig sein. Auch würde ich sein Auftreten nicht nur als furchtlos bezeichnen, Wonnis Furchtlosigkeit war gepaart mit einer Art sympathischer Naivität. Christoph hat bei allem Ernst nie das Spielerische vergessen und knickte auch nicht ein, wenn wie in meinem Fall, ernsthaft mit ihm geredet wurde.« Als dann 2009 die Friedliche Revolution 20 Jahre alt ist, tritt Krawczyk wieder auf im Leipziger Osten. Viel habe sich hier verändert, sagt Krawczyk nun, einige der alten Freunde sind gekommen, Wonneberger inbegriffen.

Populäre Gebete

Die Friedensgebete in St. Nikolai zu Leipzig sprechen sich in den Jahren ab 1986 schnell herum. Es bilden sich verschiedene oppositionelle Gruppen, so zum Beispiel die »Arbeitsgruppe Menschenrechte«, in denen meist junge, ungeduldige Leute ihren Unmut über den Staat, in dem sie leben, zum Ausdruck bringen können. Meist trifft man sich bei »Wonni«, um über Getanes zu reden und weitere Vorhaben abzusprechen. Ab 1988 nimmt die Ausreiseproblematik bald ungeahnte Dimensionen an. Die Lage wird für die Staatsmacht so richtig brisant, als am 15. Januar 1988 in Berlin 120 Personen festgenommen werden, die an der Gedenkdemonstration der SED für Rosa Luxemburg und Karl Liebknecht mit eigenen Losungen und Plakaten teilnehmen und dabei den legendären Luxemburg-Slogan »Freiheit ist immer die Freiheit des Andersdenkenden« mit sich führen wollen. Unter den Protestierenden ist der Liedermacher Stephan Krawczyk. Er hat vor, auf der Demo ein Plakat mit dem Protestruf »Gegen Berufsverbot in der DDR« zu zeigen. Er kommt nicht dazu. Kein Wunder, muss er sich später sagen, schließlich sind 80 Spitzel auf ihn angesetzt. Krawczyk wird mit weiteren Bürgerrechtlern verhaftet, Tage später ergeht es so auch seiner Lebenspartnerin Freya Klier, die unter anderem mit Bärbel Bohley auf die Verhafteten aufmerksam macht. Krawczyk, Klier, Bohley und andere werden im Februar 1988 ausgebürgert. Der Liedermacher heute: »Wir hatten die Wahl zwischen zwölf Jahren Knast oder Ausreise nach West-Berlin. Am 2. Februar 1988 stand ich mit einer Plastiktüte auf'm Kudamm … «

Auch in der Leipziger Nikolaikirche wird für die Inhaftierten gebetet. Ausreisewillige nutzen schon bald verstärkt die Friedensgebete für ihre Interessen, womit freilich auch die unterschiedlichen Auffassungen des Widerstands gegen den SED-Staat aufeinandertreffen. Die jungen Bürgerrechtler, die bei Wonneberger Gehör finden, wollen in der Regel nicht weg.

Leipziger Arbeitsgruppen für
FRIEDEN · UMWELT · GERECHTIGKEIT
gestalten ab Februar 1987 ein

wöchentliches Friedensgebet

montags 17 Uhr in der Nikolaikirche

Im Anschluß daran sind **Gespräche** möglich (in der Jugendkapelle)

Ein Angebot auch für die Gemeinden Leipzigs, diese drei wichtigen Problemfelder nicht aus dem Auge zu lassen und mit denen ins Gespräch zu kommen, die sich schon länger oder intensiver damit beschäftigen.

Einladung zum Friedensgebet in die Leipziger Nikolaikirche.

Die Politisierung der Friedensgebete nimmt ihren Lauf. Am 1. Februar 1988 werden in Leipzig Flugblätter, die unter anderem von den Mitgliedern der »Initiativgruppe Leben« verfasst und vervielfältigt wurden, in Umlauf gebracht. Zu lesen ist:

»Bürger, setzt euch ein für Demokratie und Menschenrechte, übt Solidarität mit den zu Unrecht verhafteten Bürgerrechtlern.«

Zum Friedensgebet in St. Nikolai kommen 700 Besucher. Christoph Wonneberger ist nach wie vor der Pfarrer, der sich um die speziellen Andachten, die jeden Montag, 17 Uhr, stattfinden, kümmert. Kein Hauptgottesdienst soll dabei nachgespielt werden. Liturgische Teile sind ihm wichtig, Gebet und Segen auch, es geht dem Pfarrer und den Bürgerrechtlern aber immer auch darum, Worte zu finden, um aktuelle Befindlichkeiten, Sorgen und Nöte artikulieren zu können.

Es ist Montag, der 27. Juni 1988. Bürgerrechtler, die sich in der »Initiativgruppe Leben« zusammengefunden haben, und Pfarrer Wonneberger halten das Friedensgebet ab. Zum Ende wird zu einer Kollekte zur Begleichung von Strafgeldern, die der Bürgerrechtler Jürgen Tallig zahlen soll, aufgerufen. Tallig hatte am 5. Februar 1988 die Sprüche »Wir brauchen Offenheit und Demokratie wie die Luft zum Atmen. M. Gorbatschow« und »Neues Denken auch nach innen« im Fußgängertunnel am Leipziger Wilhelm-Leuschner-Platz angebracht und war zehn Tage später verhaftet und zu einer Geldstrafe von 2000 Mark verurteilt worden.

Wonneberger ruft im Friedensgebet zur konkreten Fürbitte für Tallig auf. Man könne nicht nur in den blauen Himmel rufen, so was müsse auch konkret untersetzt werden. Teilnehmer des Friedensgebets ist auch der stellvertretende Superintendent Manfred Wugk. Er sitzt in der ersten Reihe und distanziert sich offen von so einer »konkreten Fürbitte«, es sei eine illegale Sammlung. Wugk legt sich noch während des Friedensgebetes mit dem Kollegen Wonneberger an. Der hält sich trotzdem nicht an die Forderung der Kirchenleitung, sagt stattdessen: »Was wollen Sie denn? Sie sind doch nicht zuständig, ich bin hier der Verantwortliche.« Es wird Geld gesammelt in Mützen und Kartons. Über 1000 Mark kommen für Tallig zusammen. Tallig, der beseelt ist von den Ideen von Michail Gorbatschows neuem Denken, heute zu den Ereignissen von damals: »Träume, Hoffnungen – und ich dachte wirklich: Wenn diese Betonfraktion aus dem Weg geräumt ist, dann wird es freie Gestaltungsmöglichkeiten geben. Unser Protest war einer aus dem Glashaus. Wir nahmen aber die Demokratisierung des Sozialismus ernst. Natürlich war es dann schmerzlich für uns, mit dem unerhörten Tempo der Entwicklung erleben zu müssen, dass unsere Ideen keine Chance auf Verwirklichung hatten.« Tallig, ein friedlicher Revolutionär und Utopist, denkt mittlerweile, im Herbst '89 nicht den letzten Systemwechsel erlebt zu haben. Er sei darauf mit seinen Erkenntnissen »ganz gut vorbereitet«.

Lieber Bruder Wonneberger

Die Solidarisierungsaktion für Jürgen Tallig ist der Kirchenleitung aber doch eine Aktion zu viel, auch, weil es sehr
viel Druck der politischen Macht gibt. »Das, was in Ihrer
Kirche stattfindet, könne man so nicht mehr dulden«, wird
dem zuständigen Superintendenten Friedrich Magirius nahe-
gelegt. Er solle doch bitte etwas dagegen tun. Die Forderung
lautet, die von Pfarrer Wonneberger organisierten Friedensgebete zu unterbinden.

Ende August, auch in der DDR-Kirche herrscht zu diesem Zeitpunkt noch Sommerpause, erhält der Lukaskirchen-
Pfarrer von Friedrich Magirius quasi aus heiterem Himmel
eine innerkirchliche Mitteilung:

»Lieber Bruder Wonneberger!
Da Sie einschließlich Freitag, 26. 8., im Urlaub sind, möchte
ich mich schriftlich an Sie wenden:
Wie Ihnen bekannt ist, hat mein Stellvertreter Bruder Wugk
Ihnen im Zusammenhang mit dem letzten Friedensgebet
vor der Sommerpause erklärt, daß Sie sich selbst durch Ihre
Handlungsweise Ihrer Kompetenz für die Funktion der Koor-
dinierung begeben haben.
Wir haben unterdessen eine neue Gestaltung der Friedensge-
bete für die nächsten Wochen vorbereitet. Meinerseits stelle ich
noch einmal fest, daß Sie damit von Ihrer bisherigen Aufgabe
entbunden sind.
Am Mittwoch, 31. August, um 10 Uhr, möchte ich gern zu
Ihnen kommen, um das verschobene Abschlußgespräch zur
Visitation zu halten.
Mit freundlichen Grüßen
Ihr F. Magirius Superintendent.«

Auch die Oppositionsgruppen, die unter dem Schutz der Kirche agieren dürfen, werden »ausgewiesen«. In einem offenen

701 LEIPZIG, 25.8.1988
Nikolaikirchhof 3 · Postschließfach 728
Fernruf ~~20 67 93~~ 28 11 63

Herrn
Pfarrer Wonneberger

Juliusstr. 5
L e i p z i g
7 0 5 0

Lieber Bruder Wonneberger!

Da Sie einschließlich Freitag, 26.8., im Urlaub sind, möchte ich
mich schriftlich an Sie wenden:
Wie Ihnen bekannt ist, hat mein Stellvertreter Bruder Wugk Ihnen
im Zusammenhang mit dem letzten Friedensgebet vor der Sommerpause
erklärt, daß Sie sich selbst durch Ihre Handlungsweise Ihrer Kompetenz für die Funktion der Koordinierung begeben haben.
Wir haben unterdessen eine neue Gestaltung der Friedensgebete für
die nächsten Wochen vorbereitet. Meinerseits stelle ich noch einmal fest, daß Sie damit von Ihrer bisherigen Aufgabe entbunden
sind.

Am Mittwoch, 31. August, um 10 Uhr, möchte ich gern zu Ihnen kommen,
um das verschobene Abschlußgespräch zur Visitation zu halten.

Mit freundlichen Grüßen

Ihr

F. Magirius
Superintendent

Postscheck: Leipzig 28039 (cod. 7499-58-28039)   Bank: Staatsbank der DDR Leipzig 5621-32-114
Betriebs-Nr. 94 29 61 76

Superintendent Magirius entbindet Wonneberger von der Gestaltung der
Friedensgebete. Das Schreiben ist vom 25.8.1988. Wonneberger war bis
zum 26.8.1988 im Urlaub.

Antwortbrief verschiedener Betroffener an den Superintendenten heißt es wenig später: »Sie grenzen uns aus mit der Begründung, daß wir als Gemeinde an den Fragen Frieden, Gerechtigkeit, Bewahrung der Schöpfung im Sinne des konziliaren Prozesses nicht interessiert und engagiert sind. Gegen diese Verfahrensweise protestieren wir! Die in den letzten Monaten vorwiegend durch Ausreiseantragsteller vergrößerte Gemeinde (statt zwei Handvoll Leute kommen bis zu 1000 Besucher zu den Friedensgebeten in die Nikolaikirche, Anm. d. A.) stellt in den Augen der Staatsorgane (für wen auch immer) eine potentielle Gefahr dar. Mit der beabsichtigten Ausgrenzung der Antragsteller stellen Sie sich auf die Seite derer, die dieser Gemeinde das ehrliche Interesse an Inhalt und Botschaft dieser Gottesdienste absprechen.« Die Forderungen der Bürgerrechtler an Magirius lauten: »Offenlegung der tatsächlichen Hintergründe Ihrer uns unverständlichen Entscheidung. Wiederherstellung der Möglichkeit für die Leipziger kirchlichen Basisgruppen, die Friedensgebete in Eigenverantwortung (unzensiert) zu gestalten.«

Kampf um die Wahrheit

Ab sofort ist der Kirchenvorstand von St. Nikolai zuständig für die Friedensgebete. Diese Gebete sind von nun an anders. Nicht eine der Bürgerrechtsgruppen gestaltet sie, sondern ein Pfarrer mit einem jeweils von ihm ausgesuchten Partner. Die jungen Leute wollen das nicht hinnehmen. Es kommt damit während der Friedensgebete immer wieder zu Auseinandersetzungen. Uwe Schwabe, damals 23 Jahre alt und aktives Mitglied der »Initiativgruppe Leben«, erinnert sich:

»Beim Friedensgebet am 29. August 1988, dem ersten nach der Sommerpause, kam es zur Eskalation. Jochen Läßig wollte eine Protesterklärung verlesen. Das Mikrofon wurde ihm abgeschaltet. Er las trotzdem weiter. Nach wenigen weiteren

Worten und einem Handzeichen von Superintendent Magirius übertönte die Orgel Läßigs kräftige Stimme. Daraufhin kletterte ein anderes Mitglied der Basisgruppen zur Empore und schaltete den Orgelmotor ab. Nun konnte die Protesterklärung weiter verlesen werden.«

Auf einmal, so Schwabe weiter, steigt Pfarrer Christian Führer auf eine Kirchenbank und gibt eine Erklärung ab: »Liebe Zuhörer, falls Sie jetzt weiter hierbleiben, wird das bedeuten, daß das Friedensgebet nicht weitergeht. Es wird noch Herr Superintendent Magirius mit den Gruppen sprechen. Uns geht es hauptsächlich darum, daß Sie weiter in unsere Nikolaikirche kommen können. Deshalb bitte ich jetzt, daß wir miteinander die Kirche verlassen. Sie haben mich vorhin verstanden. Das sind keine Leute von uns. Wenn Sie hier weiter bleiben, arbeiten wir nur dem Staat in die Hände, der das Friedensgebet je eher je lieber aufhören lassen will. Wenn Sie jetzt nicht die Kirche verlassen, wird das vermutlich Konsequenzen haben.«

Zu einem weiteren Eklat kommt es am 5. September 1988. Bürgerrechtler, die unter dem Dach der Kirche agieren, haben einen Offenen Brief an Landesbischof Johannes Hempel geschrieben, indem sie sich über die Vorgehensweise von Superintendent Magirius beschweren. Sie werfen ihm vor, dass er verschiedenen Abhängigkeiten unterläge, welche er nicht offenlegen wolle. Magirius habe den Respekt als kirchenleitende Persönlichkeit verloren. Man müsse den Eindruck haben, dass der Superintendent bewusst Missverständnisse schaffe und Voreingenommenheit bei Pfarrern gegen die Arbeit von Wonneberger und den Basisgruppen erzeuge. Die Unterzeichner des Briefes verteilen diesen während des Friedensgebetes und schicken ihn an Vertreter der Kirchenleitung, an Presseagenturen und kirchliche Zeitungen. Auch verlesen sie an diesem Abend vor der Nikolaikirche eine Erklärung, in der sie die Neuausrichtung der Friedensgebete als skandalös bezeichnen. Sie fordern von der Kirchenleitung

Originale Mundbinde, die Christoph Wonneberger dem Sächsischen Landes-beauftragten für die Stasi-Unterlagen für die Ausstellung 1989 [Unser Aufbruch] 2009 übergeben hat.

von St. Nikolai, die Entscheidung zu überdenken und das Recht auf freie Meinungsäußerung in ihren Räumen wieder zuzulassen. Im Anschluss demonstrieren 150 Teilnehmer zum Marktplatz. Junge Oppositionelle tragen nun jeden Montag eine Mundbinde mit der Aufschrift »Redeverbot«. Sie stehen während des Friedensgebetes demonstrativ im hinteren Teil der Nikolaikirche und beobachten das Geschehen. Nach den Friedensgebeten stellen sie sich an den Ausgang der Niko-laikirche und nutzen im Anschluss den Platz vor der Kirche als Versammlungsort. Dort liegende Betonplatten einer Bau-stelle dienen als Rednerbühne. Die Informationen, die in den Friedensgebeten nicht verlesen werden konnten, werden hier kundgetan. Besucher der Montagsgebete nutzten die Mög-lichkeit, nach der kirchlichen Veranstaltung weitere Informa-tionen zu erhalten und diskutierten über die Lage im Land. »Die engen Mauern der Kirche wurden damit symbolisch durchbrochen«, erinnert sich Schwabe.

Symbol der Freiheit

Von den Friedensgebeten in Leipzig gehen immer wieder Aktionen aus, die die Aufmerksamkeit der Öffentlichkeit finden. So machen im November 1988 während der Dokumentar- und Kurzfilmwoche Mitglieder der Bürgerrechtsgruppen auf die unhaltbare Informationspolitik in der DDR aufmerksam, denn durch das Presseamt der DDR ist gerade die sowjetische Zeitschrift Sputnik und die Aufführung einiger sowjetischer Filme, die sich mit dem Thema Stalinismus beschäftigen, verboten worden. Junge Bürgerrechtler beschriften Luftballons mit den Titeln der verbotenen Filme und dem Namen Sputnik und gehen damit zum Kino Capitol. Dort hat die Festivalleitung ihren Sitz, dort werden auch die meisten Filme gezeigt. Die Ballons steigen in die Luft. Ein wildes Jagen auf die unerwünschten Flugobjekte beginnt. Stasi-Spitzel versuchen mit brennenden Zigaretten und mit Regenschirmen, die Ballons zu zerstechen, was laut Schwabe »große Heiterkeit« auslöste. Von einigen Teilnehmern der Aktion werden die Personalien festgestellt und Ordnungsstrafverfahren gegen sie eingeleitet.

Am 12. Januar 1989 verteilen Oppositionelle 10.000 Flugblätter in Hausbriefkästen, Telefonzellen, Straßenbahnen und rufen zur Demonstration zum Gedenken an Karl Liebknecht und Rosa Luxemburg in Leipzig auf. Sie wollen nicht, wie ein Jahr zuvor in Berlin, die offiziellen Feierlichkeiten der Staatsführung nutzen, sondern bereiten eine eigene Demonstration vor. Gefordert werden in dem Aufruf das Recht auf freie Meinungsäußerung, Versammlungs-, Vereinigungs- und Pressefreiheit. Einen Tag nach Verteilung der Flugblätter werden zwölf Beteiligte vom MfS verhaftet und in Untersuchungshaft genommen. Die Stasi hatte gut gearbeitet und einen IM mitverteilen lassen. Der hatte ein Telegramm nach Berlin geschickt, in dem er die Namen der Beteiligten mitteilte. Trotz der Verhaftungen kommt es am 15. Januar 1989 zu einer der größten Demonstrationen, die Leipzig vor dem Herbst 1989 erlebt. An ihr nehmen 800 Menschen teil. Die Polizei löst die Demonstration auf und führt 53 Teilnehmer zu. In der gesamten DDR gibt es danach eine breite Solidarität. In Leipzig wird eine Koordinierungsgruppe gebildet, Fürbitt-Aktionen werden vorbereitet. Durch landesweite und internationale Proteste, u. a. auch durch den amerikanischen und bundesdeutschen Außenminister auf dem 3. KSZE-Folgetreffen in Wien, müssen die Inhaftierten am 19. Januar entlassen werden. Die nunmehr auf freiem Fuß Befindlichen bedanken sich während des Friedensgebetes am 23. Januar bei den Teilnehmern der Proteste und lesen eine Erklärung vor, in der sie ihre Weiterarbeit an gesellschaftlichen Themen trotz noch laufender Ermittlungsverfahren ankündigen. Zwar hatte, wie Uwe Schwabe sich erinnert, Superintendent Magirius den Freigelassenen untersagt, die Erklärung zu verlesen. Diese »erschleichen« sich geschickt das Wort unter dem Vorwand, an die Gemeinde einen kurzen Dank richten zu wollen.

Am 24. Januar werden die Ermittlungsverfahren auf Anweisung von Erich Honecker eingestellt.

Christoph Wonneberger ist bei all diesen subversiv oppositionellen Aktionen ein unverzichtbarer Teil der oppositionellen Aktivitäten – vor allem beim Statt-Kirchentag aktiv dabei. Im Sommer 1989 findet in Leipzig der evangelische Kirchentag statt. Die Landeskirche untersagt jedoch einen Markt der Möglichkeiten, auf dem sich die Bürgerrechtsgruppen präsentieren wollen. Also wird unter Leitung von Wonneberger eine Gegenveranstaltung geplant: der Statt-Kirchentag. Parallel zum offiziellen Kirchentag wird er in der Lukaskirche veranstaltet. Das ist, so ist aus den Stasiakten zu ersehen, der Staatsmacht nicht unrecht. Kann man doch so in Wonnebergers Kirche die Opposition besser, weil unter einem Dach zusammen, konzentriert überwachen.

Die Bürgerrechtler Thomas Rudolph (l.) und Jochen Läßig vor der Lukaskirche beim Statt-Kirchentag im Sommer 1989.

Laut Schwabe hat sich aber auch Nikolaipfarrer Christian Führer nach den beschriebenen Auseinandersetzungen um die Friedensgebete für deren Fortgang eingesetzt. Uwe Schwabe, der einstige Bürgerrechtler, der seit vielen Jahren im Leipziger Zeitgeschichtlichen Forum die Sammlung betreut, erinnert sich: »Wonneberger hatte keine Scheu vor der Politisierung der Friedensgebete, Führer stellte hingegen vor allem deren christliche Botschaft in den Mittelpunkt. Obwohl es immer wieder auch Konflikte zwischen den einzelnen Menschenrechts- und Friedensgruppen und Pfarrer Führer gab, war es letztlich doch auch ihm zu verdanken, dass der Kontakt zwischen Kirchenleitung, Kirchenvorstand und den Gruppen in einer schwierigen Zeit nie abgerissen ist. Für Führer war es das Wichtigste, dass die Friedensgebete überhaupt weiter durchgeführt werden konnten. Er dachte dabei auch über die Möglichkeiten nach, die Gruppen wieder in die Gestaltung einzubinden.« Auch darüber ist freilich die Stasi gut informiert, einer ihrer wichtigen und zuverlässigen Informanten ist Pfarrer Matthias Berger (IM Carl), Seelsorger der Erlösergemeinde am Leipziger Thonberg. Wonneberger spricht in Kenntnis seiner Stasiakte sogar von einem »hohen Wahrheitsgehalt«: »Berger war immer dabei, er schrieb sowohl die Protokolle der Kirchenratssitzungen als auch seine Berichte. Aus den Akten geht auch hervor, dass dem Geheimdienst die Verbannung der Basisgruppen aus den Friedensgebeten nicht gefiel. Da könnte was aus dem Ruder laufen, worüber man dann keine Kontrolle mehr hat. Auf diese Idee wäre ich damals nie und nimmer gekommen.«

Der Ton wird schärfer

Im Frühjahr und Sommer 1989 sind Kirche und die in ihr wirkende Bürgerrechtsbewegung doch wieder zusammen und damit der Protest gegen den SED-Staat auch zurück im Schoß von St. Nikolai. Die aufmüpfigen jungen Leute müssen sich aber – ein Zugeständnis an die Kirchenleitung – zu jedem Friedensgebet einen sie betreuenden Pfarrer zur Hand nehmen. Auch wird die inhaltliche Gestaltung laut Wonneberger zu einem »Gezerre mit der vom Staat eingeschüchterten Kirchenleitung«. Der Pfarrer nennt das Zensur, die er aber, findig wie eh und je, seinen Vertrauten empfiehlt dahingehend zu umgehen, indem er die Teilnehmer mehr zu spontanen Äußerungen motiviert. Bis zum Revolutions-Herbst ist es jetzt nicht mehr weit. Die Friedensgebete in der Nikolaikirche werden immer mehr zum Symbol der Freiheit und zum Spiegelbild einer sich stetig ausbreitenden Mündigkeit der Bürger. Man verliert die Angst.

Die Friedensgebete sind den SED-Mächtigen mehr denn je ein Dorn im Auge. Ihr Agitationsorgan, die Leipziger Volkszeitung, wird aktiv. Chefredakteur Rudi Röhrer, selbst Mitglied der SED-Bezirksleitung, verfasst einen zwei Zeitungsspalten füllenden Artikel mit der Überschrift »Was trieb Frau

A. K. ins Stadtzentrum?« (LVZ vom 24. Juni 1989). Zu lesen ist eine unduldsame Partei-Polemik gegen die Friedensgebete. In dem Beitrag heißt es unter anderem: »Es wären eine ganze Menge ehrenwerter Gründe denkbar, warum Frau A. K. aus Wurzen am vergangenen Montagabend in der Leipziger Innenstadt anzutreffen war. Sie ist jung und hat dementsprechende Einkaufswünsche oder will sich einen neuen Film ansehen oder in der Eisbar den Feierabend genießen. Zeit hat sie, denn sie nutzt nach der Geburt ihres zweiten Kindes das hierzulande mögliche Babyjahr. Aber nicht solch ehrenwerte Gründe bestimmten den Weg der Frau, sondern ein höchst verurteilungswerter Vorfall. Sie fuhr in eindeutig provokatorischer Absicht nach Leipzig, um gemeinsam mit Vertretern bestimmter Gruppierungen – darunter solche aus Halle, Dessau und Dresden – im Zentrum der Bezirksstadt die öffentliche Ordnung zu stören, die Ruhe und Sicherheit der Bürger anmaßend zu beeinträchtigen und auf Konfrontation mit unserem Staat und unserer Gesellschaft zu gehen.«

In einem Friedensgebet, das von Pfarrer Christian Führer geleitet wird, wird gegen den genannten Artikel in der LVZ protestiert. Wenige Tage später kommt es in der Chefredaktion der Zeitung zu einer Aussprache zwischen Rudi Röhrer und Superintendent Friedrich Magirius. Man redet, ohne sich näher zu kommen. Die Nerven der Genossen liegen blank. Von Jahresbeginn an bis in den Juli 1989 haben fast 40.000 Menschen mit offiziellen Genehmigungen die DDR verlassen. Weitere 45.000 Menschen sind geflohen. Stadtobere und SED-Funktionäre legen der Leipziger Kirchenleitung nahe, nach der Sommerpause die Friedensgebete auszusetzen. Man fürchtet vor allem den Messemontag Anfang September.

Abriegelung der Zugänge zur Nikolaikirche vor dem Friedensgebet am 18. September 1989.

Treff bei Lukas

Wird also die Nikolaikirche immer mehr zu einer öffentlichen politischen Vorbereitungsbühne für die sich bald ereignende Friedliche Revolution, so ist Wonnebergers Gemeindehaus im DDR-tristen Stadtteil Volkmarsdorf mehr und mehr das strategische Hauptquartier der sich unter dem Dach der Kirche profilierenden Opposition. Nicht nur die in Leipzig aktiven kirchlichen Basisgruppen für Menschenrechte und Gerechtigkeit kommen bei Wonneberger zusammen, oft sind am Wochenende auch junge Oppositionelle aus den drei sächsischen Bezirken und aus Ost-Berlin im Lukaspfarramt zu Gast. Man tauscht sich aus, informiert sich gegenseitig über neue Maßnahmen der Staatsmacht und plant neue Protestaktionen. Die Treffen der Oppositionellen im Lukaspfarramt sind alles andere als geheim. Regelmäßig gibt ja Pfarrer Christoph Wonneberger ein für jeweils zwei Monate gültiges Kirchenblatt heraus. Im Veranstaltungskalender ist zu lesen: »Arbeitsgruppe Menschenrechte: donnerstags 20 Uhr (14-tägig).« Die vierseitige Publikation ist bei der zuständigen Stelle des Rates des Stadtbezirkes lizensiert, nicht nur einmal passiert es Wonneberger, dass er einen Anruf aus der Druckerei bekommt und ihm mitgeteilt wird, man könne »das« nicht drucken. Einmal legt er in das Faltblatt eine weiße Seite ein und schreibt selbst darauf: »Sie dürfen das nicht lesen, weil ich die Seite nicht drucken durfte.« Immer kommentiert der Pfarrer in einem eigenen Beitrag das jeweilige Titelfoto des Mitteilungsblattes. So zeigt das Foto für die Monate Dezember 1987 und Januar 1988 einen weiten Himmel und eine Gruppe von Personen, die sich am Horizont bewegen. Wonneberger dazu: »Das Titelbild lädt uns diesmal ein, nach dem Horizont zu fragen, dem Horizont unseres Lebens, dem Horizont unseres Handelns, nach dem Horizont des Jahres 1987. Aus der Frosch-Perspektive betrachtet, erscheint alles grau und grau. Kein Silberstreif am Horizont, (fast) keine

LUKASKIRCHE

Leipzig-Volkmarsdorf   **DEZEMBER 1987 / JANUAR 1988**

Titelseite des Kirchenblattes, das Wonneberger für die Lukasgemeinde herausgab. Das Bild soll sagen: »Wir gehen in die Freiheit«.

Leute, nichts zu machen, keine Aussichten – Horizontverengung also. Selbst der Stern von Bethlehem außer Sichtweite. Die Vogelperspektive ist ein reizvoller Gesichtspunkt. Fragt sich nur: Welcher Vogel? Der Falke oder die Taube? Der Falke sieht sich völlig eingekreist: Feinde! Nichts als Feinde! Die Taube, von ihrem Nistplatz am Kreuz aus, sieht den Horizont sich weiten. Gute Aussichten wünsche ich Ihnen allen für 1988. Und: Vertrauen Sie der Taube! Horizonterweiterung kann uns allen nicht schaden.«

Bei Wonneberger laufen die Fäden zusammen, ohne dass er selbst immer der Organisator ist. Bei ihm gibt es auch die Möglichkeit, seine über die Jahre zusammengetragene Friedensbibliothek zu nutzen. Wonneberger hatte ja von seinen Reisen nach Polen und in die ČSSR oft Bücher mitgebracht, die es in der DDR nicht gab beziehungsweise sogar auf dem Index standen. So sie ihm an der Grenze nicht abgenommen wurden, sind sie bei »Lukas« einzusehen. So auch Alexander Solschenizyns »Archipel Gulag«, dessen Besitz allein als strafbar gilt. Ist die Bibliothek sozusagen öffentlich, so gibt es im Pfarramt daneben auch einen speziellen Arbeitsraum für die meist jungen Bürgerrechtler. Wenige haben hier Zutritt, hier wird vor allem gedruckt. Illegale Drucktätigkeit ist ja selbst in einer Kirchgemeinde eine ziemlich kühne Angelegenheit. Genutzt wird eine antiquierte Ormig- und eine Matrizendruckmaschine, die sich Wonneberger dank seiner Kontakte zu Journalisten in West-Berlin organisiert hat.

Ein Verbündeter ist der aus der DDR ausgewiesene Bürgerrechtler Roland Jahn (heute Bundesbeauftragter für die Stasi-Unterlagen), der in West-Berlin für das ARD-Politmagazin »Kontraste« tätig ist. Er besorgt Drucktechnik und kümmert sich um den Transport nach Leipzig auf konspirativem Wege. Wonneberger: »Eines Tages stand so ein Ding bei uns im Zimmer. Ich versteckte das Ding bis zum ersten Gebrauch im Schrank im Kinderzimmer.« Die damals gerade mal 17-jäh-

Debatte in der Lukaskirche beim Statt-Kirchentag unter anderem mit dem bundesdeutschen SPD-Politiker Erhard Eppler (vorn) und Christoph Wonneberger.

rige Leipzigerin Kathrin Walther, die im Urania-Verlag ihre Ausbildung absolviert, gehört zum engsten Kreis der Opposition. Sie schreibt die meisten Matrizen. Aufrufe, Appelle, Flugblätter entstehen. Sogar ein Brief an die Leipziger Bevölkerung anlässlich des Kirchentags, in dem die fehlenden Menschenrechte angeprangert werden, wird publiziert. Zudem ist Wonnebergers Diensttelefon, an dem meist Thomas Rudolph sitzt, die Leitung in die freie Welt. West-Journalisten sind oft in der Stadt. Sie kommen in die Lukasgemeinde, man vereinbart hier Telefonate über die Ereignisse bei und nach den künftigen montäglichen Friedensgebeten.

Am Info-Telefon sitzt auch Kathrin Walther. Sie erinnert sich »mit heißem Herzen« an jene Tage und Wochen: »Ich lernte Christoph Wonneberger beim Krawczyk-Konzert in der Lukaskirche kennen. Er beeindruckte mich so, dass ich schnell zur »Arbeitsgruppe Menschenrechte« fand. Ich sage heute ohne Wenn und Aber: Er spielte eine zentrale Rolle im Verlauf der Friedlichen Revolution.« Kathrin Walther, die »Jeanne d'Arc aus Lindenau«, wie das junge mutige Mädchen schon mal genannt wird, leistet, von Wonneberger inspiriert, ihren wichtigen Part. Die junge Frau geht in Opposition zum SED-Staat, weil sie in der DDR nicht frei ihre Meinung sagen kann, weil man ihrer Ansicht nach nichts werden kann, wenn man nicht Mitglied der allmächtigen Partei ist. Ihre mutigste Aktion wagt sie anlässlich des Statt-Kirchentages an Wonnebergers Lukaskirche: »Zum Gedenken an die Opfer des Massakers auf dem Platz des Himmlischen Friedens in Peking trug ich bei der Demo in der Stadt ein Demokratie-Transparent mit chinesischen Schriftzeichen. Stasileute entrissen uns das Plakat, Volkspolizisten versperrten uns den Weg am Floßplatz. Wir konnten in die Obhut der Peterskirche flüchten.«

Der Statt-Kirchentag wenige Wochen vor dem Revolutions-Herbst ist auch Wonnebergers damaligem Kollegen Walter Christian Steinbach (Pfarrer in Rötha und dort Protagonist des Christlichen Umweltseminars) in »besonders nachhaltiger Erinnerung«. Steinbach: »Auf diesem sehr besonderen Kirchentag habe ich Christoph Wonneberger als mutige und beeindruckende Persönlichkeit erlebt. Für uns Pfarrer bestand ja immer mehr das Problem, sich loyal und treu gegenüber der Landeskirche verhalten zu müssen. Wir befanden uns quasi im Beamtenstatus. Wir Pfarrer, die wir auf unterschiedliche Art und Weise in der Opposition tätig waren, mussten immer eine Gratwanderung vollführen zwischen dem Ordinationsgelübde und unseren praktischen Überzeugungen in der täglichen Arbeit vor Ort. In diesem Kontext empfand ich Christoph Wonneberger als sehr mutig. Denn er hat die Treue- und Loyalitätsverpflichtung gegenüber der Landeskirche meist sehr weit gefasst, was eben besonders prägnant beim Statt-Kirchentag, diesem Gegenmodell zum Kirchentag, der zur gleichen Zeit in Leipzig stattfand, zum Ausdruck kam.

Wonnebergers Lukaskirche war rappelvoll. Wonneberger organisierte ein Treffen der DDR-Opposition am Rande dessen, was damals überhaupt möglich gewesen war.«

Pfarrer Steinbach ist in jenen Zeiten, da Wonneberger in Leipzig die Friedensgebete koordiniert und mehr und mehr zu einer Leitfigur für die Friedliche Revolution wird, in seinem Heimatort Rötha inmitten der von der Braunkohlenindustrie malträtierten Landschaft ein engagierter Organisator des christlich motivierten Umweltwiderstandes. Das dreckigste Dorf der Republik, Mölbis, liegt ihm ja auch zu Füßen. Eine der spektakulärsten Aktionen heißt hier »Eine Mark für Espenhain«. Der Spendenaufruf ist eine getarnte Unterschriftensammlung, denn auf jeden Überweisungsbeleg gehört eine Unterschrift. Der Aufruf, mit dem die Sofortrekonstruktion der Dreckschleudern der Braunkohlenindustrie im Südraum von Leipzig eingefordert wird, hat Erfolg. 100.000 Mark kommen zusammen, mit denen – die DDR befindet sich schon in den letzten Zügen – die (Um-)Welt gerettet werden soll.

Steinbach sagt weiter: »Wir Pfarrer hatten mit unserer Kirche das Problem, dass die Leitung uns meist wissen ließ, Probleme, die es gibt, werden im Dialog mit dem Staat gelöst. Wir aber, die wir an der Basis agierten, waren der Überzeugung, dass wir viel mehr machen können. Und da sind einige sehr weit nach vorn geprescht, beispielsweise Christoph Wonneberger. Allein wäre aber auch er nichts gewesen, es bestand ein großes Netzwerk.«

Viele Wonnebergers hat es also nicht gegeben? Steinbach – er geht 1990 in die Politik, ist erst Landtagsabgeordneter und von 1991 bis 2010 Leipzigs Regierungspräsident – nachdenkend, nachdenklich: »Eher nicht. Auch wenn man daran erinnern muss, dass es innerhalb der Kirchen sehr viel mehr Widerstand gegen den SED-Staat gab als in der Gesamtgesellschaft. Wo war denn das aktive sogenannte Bildungsbürgertum? Wo die Gegenstimmen beispielsweise auch aus der Leipziger Universität, als die noch den Namen Karl Marx trug?«

Der 25. September 1989

Es ist wieder mal Montag in Leipzig. Die Stimmung in der Stadt ist angespannter denn je. Man trifft sich zum Friedensgebet in St. Nikolai. Die Andachtsstunde wird diesmal wieder von Pfarrer Christoph Wonneberger und der von ihm an der Lukaskirche gegründeten »Arbeitsgruppe Menschenrechte« gestaltet. Wonneberger hält die Predigt, von der die, die dabei gewesen sind, noch heute sagen, sie war »der eigentliche Aufruf zur schon bald folgenden Friedlichen Revolution«. Wonneberger ist wieder mal der »liturgische Wilderer«, als der er sich mit den Freiheitsgedanken, die in seinen Predigten vorkommen, gern sieht: »Mit Gewalt ist der Mensch durchaus zu ändern. Mit Gewalt lässt sich aus einem ganzen Menschen ein kaputter machen.« Starker Beifall. Wonneberger weiter: »… aus einem freien ein gefangener, aus einem lebendigen ein toter. Beweise dafür gibt es viele durch die ganze Geschichte. Aber einen Versuch würde ich Ihnen nicht raten. Sie hätten mit einem Strafverfahren nach Paragraph 129 des Strafgesetzbuches wegen Nötigung zu rechnen, denn mit einer Freiheitsstrafe wird bestraft, wer einen Menschen rechtswidrig mit Gewalt oder durch Drohung mit einem schweren Nachteil zu einem bestimmten Verhalten zwingt.« Lachen, Klatschen. Wonneberger spricht Dinge aus, die so selbst unterm Dach der Kirche in der DDR noch nie postuliert wurden. Wonneberger läuft zur Hochform auf: »Das ist für mich keine grundsätzliche Infragestellung staatlicher Gewalt. Ich bejahe das staatliche Gewaltmonopol. Ich sehe keine sinnvolle Alternative dazu. Aber – erstens: Staatliche Gewalt muß effektiv kontrolliert werden, gerichtlich, parlamentarisch und durch

uneingeschränkte Mittel der öffentlichen Meinungsbildung.«
Langer Beifall, so etwas haben die Friedensgebetsteilnehmer
noch nie gehört. Wonneberger: »Staatliche Gewalt muß sinn-
voll begrenzt sein: Unser Land ist nicht so reich, daß es sich
einen so gigantischen Sicherheitsapparat leisten kann.« Der
Pfarrer lässt nicht locker, erinnert an und zitiert den von ihm
so verehrten polnischen Dichter und Denker Stanisław Jerzy
Lec, der in der DDR zwar nicht auf dem Index steht, aber
wohl doch nur Kennern der Szene ein Begriff ist: »Die Verfassung eines Landes sollte so sein, daß sie die Verfassung des
Bürgers nicht ruiniert.«

Pfarrer Wonneberger leistet an diesem frühen Montagabend
ein bis dato einmaliges Beispiel für Zivilcourage. In der Fürbitte wird für jene Freunde gebetet, die an diesem Tag in Haft
sitzen, und die folgenden Seligpreisungen, vorgetragen von
den Bürgerrechtlern Johannes Fischer, Frank Richter, Christoph Motzer und Christoph Wonneberger, nennt Stephan
Bickhardt als intimer Kenner der Oppositionsgeschichte noch
heute eine »Sternstunde der Bürgerrechtsbewegung«. An
jenem 25. September ist in der Nikolaikirche sogar zu verneh-
men: »Unselig sind, die auf Gewalt setzen, sie werden einen
Trümmerhaufen vererben. Unselig sind, die Gewalt anwen-
den, sie werden sich und das Land ruinieren. Unselig sind, die
ihren Führungsanspruch mit Gewalt durchsetzen wollen, das
Land wird sie enterben. Selig sind die Sanftmütigen, sie werden das Erdreich besitzen. Selig sind, die den Mut haben, der
Gewalt sanft entgegenzutreten, sie werden ein bewohnbares
Stück Erde vererben. Selig sind, die auf Gewalt verzichten, das
Land wartet auf sie. Selig sind die bewußt Gewaltlosen, ihnen
kann man das Land anvertrauen. Selig sind die sanft Mutigen.
Sie werden das Land besitzen.«

Zum Ende des Friedensgebets fassen sich die Menschen an
den Händen, man zieht hinaus, singt wieder die Internatio-

nale und den Klassiker der englischsprachigen Revolutionssongs, Pete Seegers »We Shall Overcome«. Draußen schließen sich über 4.000 die eigene Angst besiegende Menschen dem Zug an, man läuft über den Ring Richtung Hauptbahnhof, skandiert »Neues Forum zulassen«.

Die Bürgerrechtsbewegung war am 9./10. September 1989 in Grünheide bei Berlin gegründet worden, jedoch verweigert ihr die SED-Führung eine offizielle Anerkennung und diffamiert die Plattform als staatsfeindliche Organisation. Laut eines Berichts der SED-Bezirksleitung seien durch die hohe Zahl der Friedensgebetsteilnehmer die Sicherheitsbestimmungen nicht mehr gewährleistet, die Menschen seien aufgeputscht. Es gibt erhebliche Verkehrsstörungen. Die Demonstranten rufen »Freiheit, Gleichheit, Brüderlichkeit« und singen wieder die Internationale. Im SED-Bericht steht fast schon kapitulierend: »Die Bewegung wäre nur durch den Einsatz von polizeilichen Hilfsmitteln zu verhindern gewesen. Es gab 6 Zuführungen.«

Für Christoph Wonneberger wird dieser Montag nie zu vergessen sein. Manch einer seiner Vertrauten sitzt an diesem Montag im Knast der Stasi, es gibt eine »angestaute Wut«. Wonneberger heute: »Nach den Verhaftungen wollten wir ein Zeichen setzen und kundtun, dass sich so etwas nicht wiederholen kann. Wir ließen uns nicht irre machen, sagten: Das ist unsere Veranstaltung. Wir wussten: Die Machtfrage lag auf der Straße. Wir wussten aber noch nicht, ob zurückgeschlagen wird. Für mich stand also das Thema Gewalt auf der Tagesordnung. Also baute ich meine Predigt und das ganze Friedensgebet so auf. Die Frage lautete aber auch, wie es auf der Straße weitergeht.« Wonnebergers Friedensbotschaft dringt durch die Kirchenmauern. Der Staat wendet keine Gewalt an. Wonneberger sagt sich: »Eine Schallmauer ist durchbrochen. Nicht die Ausreisewilligen bestimmen die Szene, sondern die, die ein anderes, ein freies Leben hier und zuhause haben wollen.« Wonneberger erlebt an diesem Tag eine Glücksstunde seines Lebens. Vom Kontakttelefon in seinem Lukaspfarramt wird die frohe Botschaft in die Welt weitergegeben. Noch weiß dort kaum jemand mit der Nachricht aus Leipzig etwas anzufangen. Tage später werden der Pfarrer und seine Kirchenleitung, Superintendent Friedrich Magirius und Nikolai-Pfarrer Christian Führer, zum Bezirksstaatsanwalt »eingeladen«. Als Rädelsführer, ja »Hetzer« steht Wonneberger am Pranger. Ihm wird eine völlig falsche Einschätzung des gesellschaftlichen Lebens vorgeworfen. Der Pfarrer gesteht eine zum Teil zu drastische Formulierung seiner Kritik am SED-Staat ein, ist aber summa summarum nicht gewillt, von seinen grundlegenden Überzeugungen abzurücken. Was wiederum Magirius in seinem Tun für einen Dialog der Kirche mit der SED in neue Schwierigkeiten bringt. Er wird von Günter Reitmann, Vorsitzender des Rates des Bezirkes, zur Festveranstaltung anlässlich des 40. Jahrestages der Gründung der DDR eingeladen. Magirius will aber nicht ganz das Zutrauen seiner Schäfchen verlieren und sucht nach Gründen, abzusagen. So heißt es: »Mich bewegt es sehr tief, daß weder Partei noch Staatsapparat seit über einem Jahr die auch von mir immer wieder gestellte Frage nicht beantworten ›Was müssen wir tun, daß Menschen gern in unserem Lande leben und bleiben?‹ Diese brennende Frage läßt sich nicht länger verdrängen. In der Hoffnung, daß Sie meine Haltung verstehen und der Dialog der Vernunft nicht abreißt.«

Wonnebergers Predigt und das Friedensgebet am 25. September 1989 wird sich einprägen in die Geschichtsschreibung. So nimmt unter anderem auch der Leipziger Historiker Hartmut Zwahr in seinem 1993 erschienenen Buch »Ende einer Selbstzerstörung – Leipzig und die Revolution in der DDR« dezidiert Stellung: »Zur ersten geschlossenen Montagsdemonstration kam es dann am 25. September. Die Medien von ›drüben‹ verpaßten sie glatt. Noch am Tag darauf, während der Fürbitt-Andacht in der Ost-Berliner-Gethsemane-Kirche,

Die Nikolaikirche zu späten DDR-Zeiten und heute.

flossen die Informationen spärlich. Immerhin wußte man von einer Straßendemonstration durch die Stadt, von etwa acht- bis zehntausend Teilnehmern, dem Gesang der Internationale und dem Freiheitsruf.« Zwahr zitiert in seinem Essayband, dessen Titelbild symbolhaft Wolfgang Mattheuers Gemälde »Geh' aus deinem Kasten« ziert, auch einen Leipziger Invalidenrentner, der die Ereignisse erlebt hat: »Als ich am 25. September mit Bekannten und Demonstranten das amerikanische Bürgerrechtslied sang, standen mir Tränen in den Augen; ich fühlte mich nicht alleingelassen, wir lernten den aufrechten Gang. Es war wunderschön, als wir sahen, daß viele Leute aus den Straßenbahnen und Bussen ausstiegen und sich uns anschlossen. Der Bann, die Angst vor der Stasi war gebrochen.« Leipzig, so schreibt Zwahr weiter, war eben die »wahre Hauptstadt der DDR«, wie zu Zeiten seines Studiums Mitte der 1950er Jahre schon der Schriftsteller Uwe Johnson empfunden hatte. Nur wäre für den Herbst 1989 zu ergänzen: Leipzig ist vor allem das Zentrum einer immer mehr Macht gewinnenden Demokratiebewegung. Sie nimmt ihren Lauf.

Gepaart mit Gottvertrauen

Keiner anderen Meinung ist nach jenem Friedensgebet am 25. September Elke Urban. Die engagierte Demokratin leitet heute seit vielen Jahren das Leipziger Schulmuseum und führt dort der staunenden Jugend als Heimatkundelehrerin in Dederon-Kleidung vor, wie SED-ideologisiert es an der DDR-Schule zuging. 1989 ist Urban, Hausfrau mit fünf Kindern, in oppositionellen Kreisen aktiv. Eigentlich gehört sie der Gemeinde der Thomaskirche an, findet aber auch im September '89 nach St. Nikolai, weil eben dort die Musik der Friedlichen Revolution immer lauter zu tönen vermag.

»Als wir das ›We Shall Overvome‹ sangen, wurde mir klar: Hier geht es ja um uns selbst, das sind wir ja selber, dieses Lied des politisch links stehenden US-Liedermachers Pete Seeger hatte uns die DDR-Schule beigebracht. Ich dachte mir: Was für ein Triumph, es jetzt ausgerechnet bei einem Gottesdienst zu hören. Nicht anders war es mit der Internationale, die wir dann auf der Straße regelrecht gebrüllt haben. Die Worte ›Völker, hört die Signale‹ bekamen auf einmal ihre wirkliche Bedeutung und waren nicht mehr missbraucht.«

Elke Urban ist noch heute beeindruckt von Christoph Wonnebergers Predigt, sie habe bei ihr dazu beigetragen, dass auch sie langsam die Angst verlor, »der Mut gepaart mit Gottvertrauen war auf einmal ein kleines bisschen größer als das ohnmächtige Zittern vor der Diktatur«, weiß Elke Urban. Sie spricht vom »vorweggenommenen 9. Oktober«, weil von diesem Friedensgebet eine Ermutigung ausging, wie es nie zuvor zu erleben war.

Elke Urban ist mit heißem Herzen »Freizeit-Revolutionärin«. Sie setzt auf ihre, wie sie selbst sagt, Narrenfreiheit. Einer Mutter mit fünf Kindern könne doch nichts passieren. Als am 11. September die Stasi nach dem Friedensgebet zugreift und unter anderem der Bürgerrechtlerin Katrin Hattenhauer das Plakat mit der Aufschrift »Für ein freies Land mit freien Bür-

gern« entreißt, ist Urban Augenzeugin und sagt sich daraufhin: »Das Gesicht dieses hageren Stasimannes, der das Plakat
runterreißt, das merkst du dir. Ich bin dann zum Hinterein-
gang der Stasizentrale und meinte, ihn wiedererkennen zu
können. Denkste! Ich konnte mir kein einziges Gesicht mer-
ken. Die Leute hatten keins. Das hat mich so erschreckt …«

9. Oktober – Tag der Entscheidung

»Eigentlich«, so sagt auch Christoph Wonneberger, »war schon
der 25. September der Tag, an dem die Mauer einzustürzen
begann. Ich spürte zum ersten Mal eine ungeheuer aufgela-
dene Situation. Nicht mehr diejenigen, die ihre Ausreisean-
träge gestellt hatten, waren die Initiatoren des Widerstands,
sondern wir, die wir bleiben wollten. Das Eis war gebrochen.
Am 2. Oktober sind dann nach dem Friedensgebet 25.000
Menschen auf Leipzigs Straßen. Und eine Woche später sind
es 70.000. Ende Oktober eine halbe Million.« Der Pfarrer
ist sich im Herbst 1989 klar, Weltgeschichte mitbestimmen
zu können. Er muss aber auch noch immer zur Kenntnis
nehmen, dass die SED-Macht (noch) nicht willens ist, klein
beizugeben. Am Freitag vor dem 9. Oktober erscheint sogar
im SED-Bezirksorgan *Leipziger Volkszeitung* ein Beitrag von
Kampfgruppenkommandeur Günter Lutz. Unter der Überschrift »Werktätige des Bezirkes fordern: Staatsfeindlichkeit
nicht länger dulden« ist da zu lesen:

»Die Angehörigen der Kampfgruppenhundertschaft Hans
Geiffert verurteilen, was gewissenlose Elemente seit einiger
Zeit in der Stadt Leipzig veranstalten. Wir sind dafür, daß
die Bürger christlichen Glaubens in der Nikolaikirche ihre
Andacht und ihr Gebet verrichten. Das garantiert ihnen
unsere Verfassung und die Staatsmacht unserer sozialistischen
DDR. Wir sind dagegen, daß diese kirchliche Veranstaltung

9. Oktober 1989 – auf dem damaligen Karl-Marx-Platz (heute Augustus-platz) stehen tausende Leipziger, die sich dem Protest anschließen werden.

mißbraucht wird, um staatsfeindliche Provokationen gegen die DDR durchzuführen. Wir fühlen uns belästigt, wenn wir nach getaner Arbeit mit diesen Dingen konfrontiert werden.

Deshalb erwarten wir, daß alles getan wird, um die öffentliche Ordnung und Sicherheit zu gewährleisten, um die in 40 Jahren harter Arbeit geschaffenen Werte und Errungenschaften des Sozialismus in der DDR zu schützen und unser Aufbauwerk zielstrebig und planmäßig zum Wohle aller Bürger fortgesetzt wird. Wir sind bereit und willens, das von uns mit unserer Hände Arbeit Geschaffene wirksam zu schützen, um diese konterrevolutionären Aktionen endgültig und wirksam zu unterbinden. Wenn es sein muß, mit der Waffe in der Hand!

Wir sprechen diesen Elementen das Recht ab, für ihre Zwecke Lieder und Losungen der Arbeiterklasse zu nutzen. Letztlich versuchen sie damit nur, ihre wahren Ziele zu verbergen.«

Das Pamphlet trägt nicht unerheblich dazu bei, dass am folgenden Montag in Leipzig 70.000 auf die Straße gehen. Man hat zwar Angst, überwindet diese aber auch angesichts der so zahlreich die Innenstadt bevölkernden Menschen. Auch am so genannten »Tag der Entscheidung«, über den in unzähligen Dokumentationen alles gesagt zu sein scheint, läuft die Geschichte ein bisschen anders ab, als sie später meist dargestellt wird. Ein Blick auf die genauen Zeitabläufe lohnt sich deshalb. Nicht jene Leipziger Sechs (Gewandhaus-Kapellmeister Kurt Masur, Kabarettist Bernd-Lutz Lange, Universitäts-Theologe Bernd Zimmermann und die drei SED-Bezirkssekretäre Kurt Mayer, Roland Wötzel und Jochen Pommert) haben nämlich das Privileg behaupten zu können, als erste zur Gewaltlosigkeit aufgerufen zu haben. Auch wenn der später als »Aufruf der Leipziger Sechs« bekannt gewordene Text, der gegen 18 Uhr über den Stadtfunk an den Straßenbahnhaltestellen und zentralen Punkten der Stadt zu hören war, große Wirkung hatte, so darf der Aufruf der Bürgerrechtsgruppen nicht in Vergessenheit geraten, weil auch er beträchtlichen Einfluss auf die Menschen hatte und in seiner Ausrichtung viel radikaler war.

In Wonnebergers illegaler Pfarramtsdruckerei in Volkmarsdorf wird am 8. Oktober, also einen Tag vor der Demonstration am 9. Oktober, etwa 30.000 Mal ein Appell der Arbeitskreise Gerechtigkeit, Menschenrechte und Umweltschutz vervielfältigt. An der Druckmaschine stehen ohne Pause und die ganze Nacht zum Montag hindurch Kathrin Walther, Frank Richter, Thomas Rudolf und Herr Pfarrer selbst. Er weiß: »Kathrin war sehr firm im Schreibmaschineschreiben, so musste sie die Matrizen schreiben, und das fast 30-mal. Kein Wunder, dass in unserem Aufruf immer andere Druckfehler zu finden sind.« Auch erfand Wonneberger ein kirchliches Aktenzeichen, das auf dem Appell zu finden ist und das dem Aufruf das Siegel der offiziellen Duldung seitens der Kirchenleitung verleihen sollte. Nur wusste die wieder mal nicht, was der Bruder Wonneberger so tat. Dafür war sogar *die taz* in West-Berlin informiert und druckte den Aufruf in ihrer Ausgabe vom 9. Oktober 1989 in ganzer Länge.

Der Wortlaut des Appells lautet:

»In den letzten Wochen ist es mehrfach und in verschiedenen Städten der DDR zu Demonstrationen gekommen, die in Gewalt mündeten: Pflastersteinwürfe, zerschlagene Scheiben, ausgebrannte Autos, Gummiknüppel- und Wasserwerfereinsatz. Es gab eine unbekannte Zahl Verletzter, von Toten ist die Rede. Auch der letzte Montag in Leipzig endete mit Gewalt. Wir haben Angst. Angst um uns selbst, Angst um unsere Freunde, um den Menschen neben uns und Angst um den, der uns da in Uniform gegenübersteht. Wir haben Angst um die Zukunft unseres Landes. Gewalt schafft nur immer Gewalt. Gewalt löst keine Probleme. Gewalt ist unmenschlich. Gewalt kann nicht das Zeichen einer neuen, besseren Gesellschaft sein. Wir bitten alle: Enthaltet Euch jeder Gewalt! Durchbrecht keine Polizeiketten, haltet Abstand zu Absperrungen! Greift keine Personen oder Fahrzeuge an! Entwendet keine Kleidungs- oder Ausrüstungsgegenstände der Einsatzkräfte! Werft keine Gegenstände und enthaltet Euch gewalttätiger Parolen! Seid solidarisch und unterbindet Provokationen! Greift zu friedlichen und phantasievollen Formen des Protestes!

An die Einsatzkräfte appellieren wir: Enthaltet Euch der Gewalt! Reagiert auf Friedfertigkeit nicht mit Gewalt! **Wir sind ein Volk!** Gewalt unter uns hinterläßt ewig blutende Wunden! Partei und Regierung müssen vor allem für die entstandene ernste Situation verantwortlich gemacht werden. Aber **heute** ist es an uns, eine weitere Eskalation der Gewalt zu verhindern. Davon hängt unsere Zukunft ab! Leipzig, den 9. Oktober 1989, Arbeitskreis Gerechtigkeit, Arbeitsgruppe Menschenrechte, Arbeitsgruppe Umweltschutz.« Der Aufruf wird ab dem frühen Nachmittag in der Stadt und später in den Kirchen, wo die Friedensgebete stattfinden werden, verteilt.

Appell

In den letzten Wochen ist es mehrfach und in verschiedenen
Städten der DDR zu Demonstrationen gekommen, die in Gewalt
mündeten : Pflastersteinwürfe, zerschlagene Scheiben, ausgebrannte Autos, Gummiknüppel- und Wasserwerfereinsatz.
Es gab eine unbekannte Zahl Verletzter, von Toten ist die
Rede.
Auch der letzte Montag in Leipzig endete mit Gewalt.
Wir haben Angst. Angst um uns selbst, Angst um unsere Freunde,
um den Menschen neben uns und Angst um den, der uns da in
Uniform gegenübersteht. Wir haben Angst um die Zukunft
unseres Landes. Gewalt schafft immer nur Gewalt. Gewalt
löst keine Probleme. Gewalt ist unmenschlich. Gewalt kann
nicht das Zeichen einer neuen, besseren Gesellschaft sein.

Wir bitten alle :
- Enthaltet Euch jeder Gewalt !
- Durchbrecht keine Polizeiketten, haltet Abstand zu Ab -
  sperrungen!
- Greift keine Personen oder Fahrzeuge an!
- Entwendet keine Kleidungs- oder Ausrüstungsgegenstände der
  Einsatzkräfte!
- Werft keine Gegenstände und enthaltet Euch gewalttätiger
  Parolen!
- Seid solidarisch und unterbindet Provokationen!
- Greift zu friedlichen und phantasievollen Formen des
  Protestes!

An die Einsatzkräfte appellieren wir:
- Enthaltet Euch der Gewalt!
- Reagiert auf Friedfertigkeit nicht mit Gewalt!

       W i r   s i n d   e i n   V o l k !
    Gewalt unter uns hinterläßt ewig blutende Wunden!

Partei und Regierung müssen vor allem für die entstandene
ernste Situation verantwortlich gemacht werden. Aber
h e u t e   ist es an uns, eine weitere Eskalation der
Gewalt zu verhindern. Davon hängt unsere Zukunft ab!

Leipzig, den 5. Oktober 1989   Arbeitskreis Gerechtigkeit
                               Arbeitsgruppe Menschenrechte
                               Arbeitsgruppe Umweltschutz
Innerkirchlich! LV~ IO/89/3/3

Aufruf der Bürgerrechtsgruppen am 9. Oktober, Stunden vor dem »Aufruf
der Leipziger Sechs« verbreitet.

Im Vergleich dazu liest sich der Aufruf der Leipziger Sechs, verlesen von Kurt Masur, eher staatstreu, ja zahm, eben auf Dialog bauend: »Unsere gemeinsame Sorge und Verantwortung haben uns heute zusammengeführt. Wir sind von der Entwicklung in unserer Stadt betroffen und suchen nach einer Lösung. Wir alle brauchen freien Meinungsaustausch über die Weiterführung des Sozialismus in unserem Land. Deshalb versprechen die Genannten heute allen Bürgern, ihre ganze Kraft und Autorität dafür einzusetzen, dass dieser Dialog nicht nur im Bezirk Leipzig, sondern auch mit unserer Regierung geführt wird. Wir bitten Sie dringend um Besonnenheit, damit der friedliche Dialog möglich wird.«

Zur Geschichte des 9. Oktober in Leipzig gehört vor allem, dass die um Wonneberger agierenden Bürgerrechtler heldenhaft handeln. Sie verteilen an diesem Montag gegen Mittag ihren Aufruf in der Stadt und an den vier Innenstadtkirchen, wo Friedensgebete stattfinden sollen. Kathrin Walther bezieht zudem Position in der Reformierten Kirche am Tröndlinring, wo sie mit Pfarrer Hans-Jürgen Sievers abgesprochen hat, dass die beiden aus Berlin kommenden Bürgerrechtler Siegbert Schefke und Aram Radomski auf den Kirchturm steigen können, um von dort den Zug der Demonstranten zu filmen. Ihre Aufnahmen gelangen noch am selben Abend nach West-Berlin zu Roland Jahn, der, damals Mitarbeiter des ARD-Polit-Magazins »Kontraste«, dafür sorgt, dass die Bilder aus Leipzig am Tag nach dem 9. Oktober die Welt zu sehen bekommt. Die Nachricht vom Durchbruch gelangt so über das Westfernsehen in die Wohnzimmer der ganzen DDR.

An jenem Abend des 9. Oktober erlebt Lukaspfarrer Wonneberger auch seine ganz eigene Sternstunde der Revolution. Bekanntlich ist das Telefon in seinem Pfarramt schon seit Wochen jene Informationsquelle, über die die Westmedien authentisch von den Ereignissen und Aktionen in Leipzig erfahren. Die vielfältigen Aktivitäten vor allem der unter dem Dach der Leipziger Lukaskirche wirkenden Bürger-

Tagesthemen am 9. Okt. '89

Am Abend des 9. Oktober 1989 gibt Christoph Wonneberger dem Moderator der ARD-Tagesthemen, Hanns-Joachim Friedrichs, ein Telefoninterview.

rechtsgruppen für Gerechtigkeit und Menschenrechte haben dafür gesorgt, dass Wonnebergers Kirchen-Telefon ein Infodraht in die weite Welt ist. So hat Wonneberger in den ARD-Tagesthemen, damals ab 22.30 Uhr ausgestrahlt, seinen spektakulären Auftritt am späten Abend des 9. Oktober. Moderator Hanns-Joachim Friedrichs hat das Gespräch kurz vor der Sendung geführt. Der Leipziger Pfarrer, der im Pfarramt in der Volkmarsdorfer Lukasgemeinde am anderen Ende der Leitung ist und mit einem Standbild aus vergangenen Zeiten eingeblendet wird, berichtet von den Ereignissen an jenem Abend in Leipzig. An diesem 9. Oktober soll quasi die ganze Welt informiert werden, was wirklich in Leipzig geschieht: »Wir hatten keine Angst, dass uns irgendwas passieren könnte. Mein Motto lautete doch immer: Wir haben uns unsere Freiheit einfach genommen.« Und eben auch die Freiheit, ohne Befangenheit im westdeutschen Hörfunk und Fernsehen zu reden, zu einer Zeit, da noch nicht feststeht, was aus dem Protest gegen die SED-Diktatur wird.

O-Ton Tagesthemen (Friedrichs): »Guten Abend, meine Damen und Herren, auch an diesem Montag wieder Demonstrationen auf den Straßen von Leipzig im Anschluss an das Friedensgebet in der Nikolaikirche. Am vorigen Montag waren es 15.000 Menschen, die mit der Forderung nach Reformen auf die Straße gegangen sind, heute sind es offenbar noch mehr, man spricht von mindestens 50.000, vielleicht 80.000 Demonstranten.«

Der Moderator hat den Telefonhörer am Ohr und fragt Wonneberger zunächst nach dem »Aufruf der Leipziger Sechs« für den freien Meinungsaustausch unter Fortsetzung des Sozialismus. Auch drei hochrangige SED-Funktionäre haben unterschrieben.

Friedrichs: »Bedeutet das eine erste Öffnung?«

Wonneberger: »Dieser Aufruf hat uns alle überrascht, weil alles darauf hindeutete, dass es einen großen Polizeieinsatz gibt.«

Friedrichs: »Sie müssen doch sehr glücklich sein darüber, dass sich nun auch einige Parteifunktionäre aus der Deckung gewagt haben.«

Wonneberger: »Ja, ich fühle mich ungeheuer erleichtert und es ist so etwas wie eine Entkrampfung zurzeit. Was natürlich jetzt dieser Aufruf bedeutet für die gesamte Entwicklung, das lässt sich bisher kaum abschätzen.«

Friedrichs: »Noch ein Wort zu den Demonstrationen heute Abend in Leipzig, die hat es in diesem Maß noch nie gegeben.«

Wonneberger: »Es sind mehr als 50.000, ich denke eher 80.000 Menschen gewesen.«

Friedrichs: »Die waren alle friedlich?«

Wonneberger: »Es hat keine Auseinandersetzungen gegeben.«

Friedrichs: »Wie hat sich die Polizei verhalten?«

Wonneberger: »Die Polizei war in Bereitschaft, sie hat an der Seite gestanden, sie hat sich nirgends im Einsatz befunden, außer verkehrsregelnd. Wir waren in großer Angst heute und haben in allen Kirchen, in denen Friedensgebete waren, einen Appell unserer Arbeitsgruppen Menschenrechte, Gerechtigkeit und Umweltschutz verbreitet, auf Gewalt zu verzichten.«

Noch scheint aber die Staatsmacht nicht begreifen zu wollen, wie schlecht es um sie nach diesem Tag bestellt ist. Ein Ereignisbericht vom Vorsitzenden des Rates des Bezirkes Leipzig, Rolf Opitz, an DDR-Ministerpräsident Willy Stoph kündet von Ignoranz gegenüber der wahren Stimmung gegenüber einem Volk, das schon bald die SED-Granden entmachten wird: »Offensichtlich unter dem Eindruck hoher gesellschaftlicher Aktivität progressiver Bürger, der Wirkung der Veröffentlichung in der LVZ … sowie der starken Präsenz der Deutschen Volkspolizei und der Kampfgruppen der Arbeiterklasse handelten die Teilnehmer des Demonstrationszuges ohne Gewaltanwendung … Der Demonstrationszug löste sich selbständig gegen 20.30 Uhr ohne Ausschreitungen und Vorkommnisse auf. Die gesellschaftlichen Kräfte sowie die Einsatzkräfte der Schutz- und Sicherheitsorgane bewiesen eine hohe Einsatzbereitschaft.«

Extra für diesen Montag legte Wonneberger in seinem Pfarrhaus einen Telefonanschluss in einen Raum neben seinem Büro, damit man ungestört telefonieren kann. Am Morgen bohrte er dafür ein Loch durch die Wand. In der Nacht vom 9. zum 10. Oktober spürt Wonneberger dann »nur noch Freude und Zufriedenheit«. Bis 2 Uhr in die Nacht wollen

Christoph Wonneberger zündet in der Lukaskirche am 5. Oktober 1989 eine Kerze für die inhaftierten Bürgerrechtler an.

Westmedien unterschiedlicher Ausrichtung wissen, was in Leipzig wirklich geschah, Wonneberger und Freunde geben den Medien jenseits der Mauer wohl zehn Interviews. Mit dem Pfarrer sind seine engsten Vertrauten. Alle sind happy und sich einig: »Ab heute ist nichts mehr so wie es war.« Wonneberger sagt an diesem Abend, in dieser Nacht: »Leute, das müssen wir aber feiern. Denn das, was wir heute erlebten, ist der Durchbruch.« Im familiären Wäscheschrank liegt noch eine Flasche Johnnie Walker, die er irgendwann mal im Intershop gekauft hatte. Ein Prosit auf die Friedliche Revolution!

Diesen Freudentrunk hätte auch Katrin Hattenhauer gern mitgetrunken. Zu den unikaten Geschichten rund um den 9. Oktober gehört auch ihre. Am 12. September wird sie nach dem Friedensgebet verhaftet. Man hat sie auf dem Kieker, nachdem die Bürgerrechtlerin die Woche zuvor mit Gesine Oltmanns im Nikolaikirchhof das Plakat »Für ein offenes Land mit freien Menschen« entrollte. Hattenhauer sitzt in der U-Haft in der Beethovenstraße. Am 9. Oktober hört sie, dass was los ist in der nahen Stadt. Sie glaubt, die Panzer rollen, alles sei aus. Die letzten zwei Wochen hatte sie sich geweigert, zu den Vernehmungen zu erscheinen. »Seit wann kommt denn der Knochen zum Hund«, lautet ihre Devise. Als sie am 13. Oktober endlich entlassen wird, sagt ihr der Stasibeamte: »Hattenhauer, man möchte meinen, Sie sitzen ganz tief in der Scheiße. Aber Leute wie Sie, die werden immer oben sein.« Als die junge Frau dann noch »Auf Wiedersehen« sagt, schreit der Staatsbüttel nur noch: »Raus!«

Vier Tage nach jenem »weltgeschichtlichen Ereignis« (Wonneberger) werden Leipzigs Kirchenobere, Vertreter der Basisgruppen und deren ideelles Oberhaupt, der Pfarrer Christoph Wonneberger von SED-Funktionär Lothar Reitmann, beim Rat des Bezirkes für Inneres zuständig, zu einem Gespräch eingeladen. Als Sprecher tritt Wonneberger auf und gibt die Meinung der Bürgerrechtler kund. Als Zusammenfassung sagt der Pfarrer zum SED-Funktionär: »Sie müssen sich beeilen, denn mit Ihrer Partei geht es schnell den Bach runter.« Als Wonneberger später in seiner Stasiakte das Protokoll jenes Treffens wiederfindet, stellt er fest, dass die Genossen ihn verstanden hatten.

Warum ein Atheist die Kirche braucht

Der Leipziger Rainer Pietsch hat das gleiche Alter wie Wonneberger. Er ist diesem Pfarrer zwar nie persönlich begegnet, für sein Leben spielt er dennoch eine nicht unerhebliche Rolle. Pietsch, Jahrgang 1946, arbeitet in den 1980er Jahren als Berufsschullehrer im Leipziger Baukombinat, macht seinen Job als Lehrer für Recht und Betriebsökonomie zur Zufriedenheit aller, fällt aber zunehmend mit seiner Diskutierfreudigkeit auf und weigert sich zunächst, als parteiloser Pädagoge am Parteilehrjahr der Genossen teilzunehmen. »Später bekam ich aber mit, dass das Parteilehrjahr was Wunderbares sein kann, ich diskutierte mit den Leuten, sie fanden die Debatten auch super, nur die Parteileitung lächelte nun finster. So hatten die sich ihre Schulung nicht vorgestellt, dass man also beispielsweise Marx so interpretiert wie er es geschrieben hatte. Es wurde paradox: Erst wollte ich nicht teilnehmen, dann durfte ich nicht mehr«, erinnert sich Pietsch.

Als kritischer DDR-Bürger geht Pietsch in den letzten DDR-Jahren offen in Widerspruch zum SED-Staat. So findet auch er in die Nikolaikirche und zu den Friedensgebeten. Ab 1988 ist er viele Montage vor Ort, lernt die »Schwarzkittel«, wie er die Pfarrer als bekennender Atheist gern bezeichnet, schätzen ob ihrer Lebensweisheit und auch wegen ihrer Vorstellungen von einer neuen demokratischen Gesellschaft. »Interessanter als das Friedensgebet selbst«, so weiß Pietsch auch, »war immer die Zeit danach. Die Leute standen im Nikolaikirchhof, redeten miteinander, was für eine Atmosphäre! Man bekam hier aus erster Hand mit, wie sich der Widerstand immer weiter entwickelte. Wir wurden immer mehr. Die mutige Menge wurde größer. Auch ich und meine Frau wurden zugeführt, so nach dem Friedensgebet am 11. September 1989. Stunden später waren wir wieder frei und verloren mehr und mehr unsere Ängste.«

Die Kirche wird für den bekennenden Nichtchristen eminent wichtig, auch er schätzt sie als »schützendes Dach« und als Anreger für den eigenen Widerstand. Dann kommt jener 9. Oktober, laut Pietsch »ein Tag zwischen Himmel und Hölle«. Am Morgen wird ihm in der Dienststelle noch offeriert: »Heute wird die Konterrevolution beendet, auf Frauen und Kinder kann keine Rücksicht genommen werden, sorgen Sie also dafür, daß Ihre Familien heute nicht in die Stadt gehen.« Kurz nach 13 Uhr betritt Pietsch die Nikolaikirche und staunt, dass die schon dicht besetzt ist: »Ich schaute mir die Leute an, alles Männer, ziemlich komisch gekleidet, und sage zu meinem Nachbarn: Sind aber merkwürdige Leute heute hier, oder? Keine Antwort von ihm, und ich ahnte, dass gute Genossen die Order hatten, die Kirche zu besetzen.« Später bittet Nikolai-Pfarrer Christian Führer, »zusammen-zurücken«, damit auch die traditionellen Kirchbesucher noch Platz finden können. Der Rest des Tages geht dann auch für Pietsch in Euphorie unter: »Das ist der Durchbruch, dieses Regime ist platt und kann nicht mehr.«

Rainer Pietsch geht später in die Politik, er wird einer von sieben Sprechern des Neuen Forums, das er in Leipzig mitge-gründet hat, und wird sogar für wenige Monate in die (letzte) DDR-Volkskammer gewählt, mit ihm unter anderem Joachim Gauck, der vom Neuen Forum aus Rostock zum Man-datsträger bestimmt ist. Pietsch, heute: »Ist ja ganz lustig, mein Duzfreund der Bundespräsident.« Die Neuen arbeiten »wie die Wilden«. Mit dem Beitritt der DDR zur Bundesrepublik ist das aber alles schnell Geschichte. Nach dem 3. Oktober 1990 will Rainer Pietsch nicht im neuen Bundestag tätig sein, stellt sich auch nicht zur innerfraktionellen Wahl. Später erin-nert sich Marianne Birthler als Bündnis-Grüne-Bildungs-ministerin im neuen Land Brandenburg an den streitbaren Bürgerrechtler und beruft ihn als Referenten für berufliche Bildung in ihr Ministerium. Bis zu seiner Pensionierung übt Pietsch den Job mit der ihm eigenen Begeisterung aus. Seine späte Karriere in der nun neu sortierten Welt verdankt er letztlich auch Menschen wie Christoph Wonneberger. Pietsch sagt voller Überzeugung: »Der Nikolaikirche sei Dank.«

Ute, die Frau an seiner Seite

Wie lebt man mit einem Menschen zusammen, dem seine Ideale für Freiheit und Menschenrechte über alles zu gehen scheinen, der aber auch Verantwortung zu tragen hat für eine vierköpfige Familie? Die Frau an Christoph Wonnebergers Seite heißt Ute, sie lernte ihn in den bewegten Zeiten Anfang der 1980er Jahre in Dresden-Trachenberge kennen. Mit der Lebensbeziehung

Immer ein Spaß, immer eine Botschaft – gemeinsam mit Frau Ute gestaltet Christoph Wonneberger Jahr für Jahr geistreiche Neujahrskarten.

ändert Ute bald ihren eigenen Lebensplan, zieht somit ihren Ausreiseantrag, den sie gestellt hatte, weil sie »SOS-Kinderdorf-Mutter werden und in den Alpen Skifahren wollte«, zurück. »Schicksal«, sagt sie heute, »ich sollte wohl bleiben, hätte aber auch ein ganz anderes Leben führen können«. 1987 und 1989 werden die beiden gemeinsamen Kinder geboren.

Gut 30 Jahre später erinnert sich Ute Wonneberger, die heute als engagierte Sozialarbeiterin in Leipzig in der integrierten Familienhilfe tätig ist, dankbar, aber auch kritisch an die gemeinsamen Jahre. Denn das Ehepaar lebt heute getrennt, Ute ist glücklich, nun auch mal an sich selbst denken zu können. So eine Zeit habe sie sich nie vorstellen können, jetzt fände sie aber die neuen Möglichkeiten »richtig gut«. Ute Wonneberger zu sich: »Was habe ich denn nicht alles durchgestanden!? Du hast deinen Dienst getan. Jetzt bist du endlich frei. Was nun kommt, geht dich nichts mehr an.«

Wie sieht sie Ehemann Christoph im Blick zurück? Als »egoistisch« will sie ihn nicht benennen, vielleicht »egozentrisch« oder – als »besessen«, das treffe es doch viel besser. Ute lernt in den 1980er Jahren sehr schnell auch den politisch aktiven Pfarrer schätzen. Was er tut, gefällt ihr, ohne sich selbst intensiv engagieren zu wollen beziehungsweise zu können. Es müsse sich doch auch jemand um die Familie und den Alltag kümmern. Ute erinnert sich an eine Zeit voller Aktionismus, ein Termin jagt den anderen. Für die Familie hat Christoph immer weniger Zeit, Ute hat hingegen immer mehr Angst um ihren Mann, und das nicht etwa wegen der Stasi und des DDR-Repressionsstaates, sondern wegen der vom Pfarrer-Ehemann an den Tag gelegten Dauerpower. »Ich hätte ihn liebend gern mal an die Angel genommen, so was war aber mit Christoph nicht zu machen. Was Ende der 1980er Jahre im Pfarrhaus in Volkmarsdorf stattfand, ist kaum zu beschreiben. Man plante bei uns immer neue Aktionen, man druckte Flugblätter und andere Schriften, man trank Kaffee und rauchte Karo ohne Pause, Christoph leider auch. Ich akzeptierte das, was sie taten, ich hatte aber zunehmend den Wunsch nach mehr gemeinsamer Zeit für die Familie. Das blieb leider mein absoluter Traum. Gerade diese Stunden waren für uns immer knapp«, weiß Ute. Und, weiter: »Das Leben mit ihm war aufregend und kräftezehrend nicht nur für ihn. Stolz war ich auf ihn, als er am 25. September 1989 so eindringlich und klug über die Gewaltlosigkeit predigte. Stolz war ich genauso, als er am Abend des 9. Oktober ein langes Live-Interview in den ARD-Tagesthemen gab. Da dachte ich mir: Jetzt sind wir am Ziel. Nun können wir doch endlich auch mal anders leben …«

»Leider ist Christoph aber nie bereit gewesen, auch mal mir und meinen Vorstellungen vom Leben folgen zu wollen. Und das selbst dann nicht, als er auf Grund seiner Krankheit viele Jahre nicht mit mir reden konnte. Nein, sein Lebensmuster zu verlassen, dazu war Christoph leider nie bereit«, sagt Ute Wonneberger. Die Frau hat ihren Mann geliebt und wohl noch mehr in den Jahren nach dem gesundheitlichen Zusammenbruch mit ihm gelitten. Und sie hat wohl damals, als die Euphorie keine Grenzen zu haben schien, schon geahnt, was da kommen wird. Die persönliche Katastrophe.

Drei Brüder

Er ist der »Kleine«, heißt Johannes und wurde 1950 in Chemnitz geboren. Johannes lebt seit 1968 in Leipzig, arbeitet hier seit 1984 für die Diakonie und steht dem psycho-sozialen Gemeindezentrum »Blickwechsel«, das seinen Sitz im Stadtteil Gohlis hat, vor. Johannes ist verheiratet mit einer Sozialarbeiterin, das Ehepaar hat zwei mittlerweile erwachsene Kinder. »Der Kleene, Baujahr fufzig. Ich hab' wirklich mich immer als Kleener gefühlt«, steigt Johannes ohne jede Befindlichkeit in seine Familien-Story ein: »Wesentlich für mich selbst war der Fakt, dass ich in einem so christlich geprägten Elternhaus miterleben musste, wie Christoph von seinem Vater geschlagen, ja, ich benutze bewusst das Wort, sogar misshandelt worden ist. Christoph hatte sich aber mit dem, was ihm sein Vater antat, arrangiert. Er sagte sich: Ich kenne den Preis für die Sachen, die ich mir leiste. Damit wusste er eben auch, vergleichbar mit einem Rechenexempel, was ihm seine Freiheit wert war.« Johannes hat diese regelmäßigen Züchtigungen nie persönlich mitbekommen, er erinnert sich aber, wie die Mama wieder mal zu Christoph, als der von einem nicht genehmigten Kino-Besuch kam, sagte: »Du sollst mal ins Studierzimmer kommen …« Johannes hörte dann die Schreie. Christoph schrie »wie am Spieß«. Er selbst hat sich dann in die letzte Ecke der großen Wohnung verkrochen, wobei ihn stets eine schlimme Phantasie plagte: »Jetzt geht Vater wieder mit einem großen Küchenmesser auf ihn los.«

Weil eben Johannes erlebt, wie Christoph rebelliert und für seine Freiheiten, die er sich nimmt – in Betragen in der Schule schon mal eine Vier, als Mitglied einer umtriebigen Jugendbande unterwegs, Ausbüchsen über den Balkon, um ins Kino zu gehen und so weiter – zu büßen hat, trifft Johannes für sich selbst eine, wie er glaubt, schwerwiegende, das eigene Leben bestimmende Entscheidung: »So was wie Christoph darf dir nie passieren.« Johannes kuscht und wird nach eigener Aussage »ein total schüchterner Typ«, er ist ängstlich und mag keine Konflikte. Johannes, nicht ohne Schalk im Nacken: »Wenn heute die Leute zu mir sagen: Mensch, wie 60 siehst du aber nicht aus, dann sag' ich immer: Ich bin ja auch jedem Problem aus dem Weg gegangen.« Dritter im Bunde der Wonneberger-Brüder ist Gottfried, der »Mittlere«. Als »kränkliches Kind«, meint Bruder Johannes, wird er umhegt von seinen Eltern. Er ist zu DDR-Zeiten ein sehr gut situierter Fotograf, schafft aber, wie es Johannes sieht, den Wandel in die neue Gesellschaft nicht: »Gottfried plagte auf einmal Armutsangst.« 1994 nimmt er sich das Leben und hinterlässt Frau und fünf Kinder.

Vater Erhard Wonneberger, der im sächsischen Raum ein angesehener Pfarrer ist, macht nach dem Krieg so etwas wie Karriere in der evangelischen Kirche. Er ist berühmt für seine geschliffenen Worte. Die Menschen wollen ihn hören. Er stammt aus tiefchristlichem Elternhaus, hat auch in Leipzig und Tübingen studiert. Als Familienoberhaupt ist er indes, wie die Söhne es zu berichten wissen, ein Tyrann, der nur die eigene Meinung gelten lässt. Herr Pfarrer sagt freilich

Christoph Wonneberger mit seinen Brüdern Gottfried und Johannes im Jahr 1953 und 1982.

auch in der Schule, in der seine Söhne lernen, dezidiert seine Meinung: »Lassen Sie meine Jungen mit Ihren Pionieren und der FDJ in Ruhe, meine Kinder, die erziehe ich.« Johannes findet unter so einer Knute nicht ohne weiteres seinen eigenen Weg ins Leben. Er erinnert sich beispielsweise an eine nahezu absurde Situation: »Es gab daheim eine Art Familienrat, Vater fragte dabei auch mich: Johannes, was willst du eigentlich mal werden? – Ich antwortete: Vielleicht Schriftsteller, oder? Da haben sich alle nur gebogen vor Lachen. Ich hatte aber das Gefühl, überhaupt das erste Mal nach etwas gefragt worden zu sein.« Sein Bruder Christoph ist da ganz anders gestrickt. Während Johannes also nur das tut, was seinen Eltern Freude macht, will Christoph provozieren. Johannes weiß auch noch, wie der Vater beim Anschauen alter Fotos sagte: »Unser Christoph war von Geburt an widerspenstig.« Johannes hat eine Erklärung für die doch sehr spezielle pädagogische Sicht des Vaters parat: »Er sei sich wie ein Bildhauer vorgekommen, habe seine Kinder, die als unbearbeiteter Klotz auf die Welt kamen, mit dem Meißel bearbeitet und sie nach seinen Vorstellungen geformt. Und wenn dann was weh tut, war seine Frau, Krankenschwester von Beruf, als Heilerin da. Und das nicht nur für die Seele.«

Christoph macht da aber nicht mit, er provoziert, reagiert, weil er sich stark genug fühlt, oft mit Widerspruch. Johannes kapituliert. Als er, nun schon fast 30 Jahre alt, der Meniskus kaputt, zu Hause in Leipzig in einem Abbruchhaus ohne Klo und fließendem Wasser, um Hilfe bittend bei den Eltern in Dresden vorspricht, kommt es doch noch zu einer Art Versöhnung. Johannes: »Ich hatte damals die Haare bis runter auf die Schultern, sah aus wie Jesus. Meine Mutter fragte mich: Johannes, warum hast du denn so lange Haare? Ich antwortete, fast erschrocken über mich selbst: Das wollt' ihr doch gar nicht wissen, ihr wollt' mich doch bloß manipulieren. Da schaute mich Vater mit weitaufgerissenen Augen an: Aber Johannes, ich will dich doch nicht manipulieren … Nun war bei mir das Eis gebrochen. Auf einmal konnte ich mit meinem Vater reden, über alles und stundenlang. Nach diesem Schlüsselerlebnis ist dann alles auf den Tisch gekommen. Kam mir mein Leben zuvor wie ein Schwarz-Weiß-Film vor, so fühlte ich mich jetzt in einem Farbfilm.«

Auch Johannes' Verhältnis zu seinem Bruder Christoph ist gespalten, was eben auch in der Kindheit seine Ursache hat.

9. Oktober 1989: 70 000 Menschen demonstrieren friedlich in Leipzig und läuten damit das Ende der DDR ein. Von der Fußgängerbrücke am Konsument-Kaufhaus verfolgte Johannes Wonneberger den Protest.

Der Kleine provoziert den Großen wieder und wieder, weil der sich partout nicht mit ihm beschäftigen will. Einmal fliegt sogar die große Schneiderschere durch den langen Flur. Ist Christoph ein angesehenes Bandenmitglied, wird Johannes in so einer Clique nicht akzeptiert. Als dann viel später beide Familie haben, bleibt es eine komplizierte Beziehung. Man hat ganz unterschiedliche Auffassungen bei der Erziehung der Kinder, beide Ehefrauen können nicht miteinander. Hinzu kommt für Johannes diese ständige Überaktivität des Bruders: »Mit ihm konnte man sich nicht mal nur so treffen, es gab für ihn immer einen triftigen Grund, ich kannte und kenne ihn nur so, dass er immer etwas vorhat, dass er denkt und überlegt, Muße, mal gar nichts tun, keine Spur.«

Johannes ist dann auch nicht involviert in Christophs Aktivitäten rund um die Leipziger Friedensgebete, aber, keine Frage, stolz auf den Bruder, der dabei ist, Geschichte zu schreiben, ist er schon. Am 9. Oktober 1989 marschiert Johannes, der »kleine Angsthase«, als den er sich selbst sieht, nicht mit. Heute schämt er sich dafür: »Ich habe durch die

Büsche die Demo beobachtet und stand oben auf der Fußgängerbrücke am Konsument-Kaufhaus, während unten die
Leute durchliefen und riefen ›Wir sind das Volk‹.« Johannes
kann lachen über sich. Ein mit ihm befreundeter Pfarrer sagt
ihm später: »Ja, ja, man muss von oben herab gucken auf das,
wovor man Angst hat.«

Pfarrer ohne Worte

Nicht nur der mit Spannung übervolle 9. Oktober 1989 hat
bei Pfarrer Wonneberger Wirkung hinterlassen. Sein seit
Jahren währendes dauerhaftes Engagement, das keine Zeit-
limits kennt, setzt dem nicht gerade korpulenten Menschen
wohl mehr zu, als der sich selbst eingestehen will. Er agiert
seit Jahren am Anschlag. Die Friedliche Revolution nimmt
rasend ihren ureigenen Lauf. Auf Leipzigs Ring skandieren
schon bald 300.000 und noch mehr Menschen die Forderungen
nach einem rigorosen gesellschaftspolitischen Umsturz, den es
so, weil ohne Gewalt, in Deutschland noch nicht gegeben hat.
Noch rufen die Menschen auf den Straßen in ihrem tausend-
stimmigen Chor »Wir sind das Volk« und »Stasi in den Tagebau«.
    Auch für Christoph Wonneberger ist es eine Lebensphase
der höchsten Emotionen. Er spürt freilich auch, dass seine
Zeit eigentlich langsam vorbei ist, er wohl künftig nichts
mehr zu sagen haben wird. »Ich müsste mir ein neues Betä-
tigungsfeld suchen. Das, was ich wollte, ist doch geschehen.
Ich weiß gar nicht, was ich jetzt machen soll. Es geht seinen
Gang, besser: Die Leute gehen ihren Gang. Ich bin dabei nicht
mehr nötig«, äußert er in jenem Oktober gegenüber Freunden. Er weiß auch, nicht in die Politik gehen zu wollen. Eine
politische Funktion, etwa im Neuen Forum, zu übernehmen,
ist nicht seine Profession. Wonneberger ist ein hochpolitisch
denkender Zeitgenosse, aber doch kein Politiker. Er hätte
mit seinen Fähigkeiten allemal Karriere machen können, er

verzichtet aber darauf. Seine Überzeugung lautet indes: »Der Funke ist übergesprungen, jetzt bin ich überflüssig, die anderen sind jetzt Feuer und Flamme.«

Für den nicht nur für Leipzig wichtigen Wortführer der Friedlichen Revolution regeln sich dann seine Vorstellungen, wieder mal neue Wege zu beschreiten, schon bald auf eine gar nicht vorhersehbare Art und dramatische Weise. Am 30. Oktober 1989 sitzt er in seinem Pfarramtsdienstzimmer und bereitet eine Diskussionsrunde zum Reformationstag in der Lukaskirche vor. Wonneberger will eine Dialogveranstaltung, an der unter anderem Stadtbezirksbürgermeister Siegfried Hädrich (SED) teilnehmen soll, durchführen. Am Morgen des 30. Oktober erleidet der Mann des Wortes einen Gehirninfarkt, der ihn − was für ein Schicksal! − vor allem seines wichtigsten Instrumentes, der Sprache, beraubt. Er merkt noch bei diesem schlimmen Ereignis: »Irgendwas stimmt nicht mit mir, irgendwas funktioniert nicht.« Seine Frau Ute schaut er mit großen Augen an, sagen kann er aber nichts mehr zu ihr, der rechte Arm macht nur noch unkontrollierte Bewegungen.

Der gefallene Held wird in die Klinik nach Leipzig-Dösen gebracht und erst später in der Universitätsklinik so richtig untersucht. Wonneberger weiß noch von einer aufwändigen und auch schmerzvollen Prozedur. Der Pfarrer liegt einige Tage auf der Intensivstation und bekommt irgendwie mit, dass am 9. November die Mauer gefallen ist. Dann soll vor allem mittels einer logopädischen Reha die Genesung befördert werden. Menschen besuchen ihn, unter ihnen Superintendent Magirius und vor allem Freunde der Partnergemeinde aus Engelbostel bei Hannover. Das von dort stammende Pfarrer-Ehepaar Karla und Manfred Schmidt muss zur Kenntnis nehmen, dass in Leipzig die logopädische Behandlung nicht beginnen wird, weil die einzige Fachkraft dafür krank geworden ist.

Es ist der 11. November 1989. Die Schmidts machen Druck gegenüber dem Dösener Chefarzt. Das Ergebnis:

»Pfarrer Wonneberger nehmen wir mit.« Kurz danach sitzt er im Auto und kann jetzt ohne Probleme die Grenze passieren. In Engelbostel bei Hannover erfährt er vielfältige Hilfe, eine ganze Kirchgemeinde kniet sich rein für ihn, und der Kirchenvorstand Henning Jakob gewährt später sogar der ganzen Familie Wonnebergers für ein halbes Jahr Unterkunft. Derweil wird der Patient aus dem Osten an der Medizinischen Hochschule intensiv therapiert. Die Frage der Kosten wird nie gestellt. Wonneberger erfährt in persönlich schwierigsten Zeiten nicht nur Zeichen der christlichen Nächstenliebe, sondern auch der deutsch-deutschen Solidarität: »Ich hatte zeitweise das Gefühl, als wollten die mich adoptieren. Hätte es nicht diese Freunde aus Hannover gegeben, ich weiß nicht, was aus mir geworden wäre.« Wonneberger sagt weiter mit dem ihm eigenen Verstand: »Mir hatte es im wahrsten Sinn des Wortes die Sprache verschlagen.« Man könne Gottes Botschaft sicher hinkend oder blind verkündigen, doch die Sprache, die sei nun mal ein und alles für einen Pfarrer. So gesehen ist der Schlaganfall auch kein Schuss vor den Bug, sondern für Wonneberger, diesen nimmermüden Freiheitsprediger, eine regelrechte Breitseite, sein Schiffbruch.

Aus mit 47

Fast ein Jahr nach dem gesundheitlichen Zusammenbruch sind die Wonnebergers zurück in Leipzig. Für seinen Dienstherrn wird der gehandicapte Pfarrer, der größte Mühe hat, die Worte zu finden und dem auch das Gefühl für die Melodie der Sprache abhandengekommen ist, zu einem Problemfall. Wonneberger kann sich sehr wohl vorstellen, auf Teilzeit – vielleicht für 10 oder 15 Wochenstunden – in das Lukaspfarramt zurückzukehren. Auf seinem Stuhl sitzt hier aber die neue Pfarrerin/Vikarin, die mit ihrer Ausbildung gerade fertig geworden ist. Sie beansprucht den Posten. Wonneberger wird damit überflüssig. Er weiß freilich auch, unter dem persönlichen Handicap den Grundanforderungen als Pfarrer und zudem denen der neuen Zeit, mit denen ja auch die Kirchen zu kämpfen haben, nicht gerecht werden zu können. Bindungen zum Vorstand der Lukasgemeinde gibt es nicht, was noch aus Zeiten vor der Friedlichen Revolution herrührt, als dem Pfarrer vorgeworfen wurde, sich um alles Mögliche zu kümmern, nur nicht um seine ureigenen Aufgaben, um die Seelsorge für seine Gemeinde. Pfarrer Wonneberger lebt zwar weiter im Pfarramt, er kommt sich hier aber zunehmend überflüssig vor, weil er eben auf Grund seiner Erkrankung zur täglichen Arbeit fast nichts beisteuern kann. Man geht ihm sogar mehr und mehr aus dem Weg. »Die Leute vom Kirchenvorstand hatten mir gegenüber ein schlechtes Gefühl. Sie wussten ja nur zu gut, dass sie mich in Zeiten, in denen es ernst war mit der Revolution, nur selten unterstützt hatten«, sagt Wonneberger. Er spricht von einer »unsäglichen, sehr unschönen Zeit«. Er ist der Betroffene, statt agieren zu können, muss er kapitulieren, was nun gar nicht zu ihm passt. Er empfindet diese Zeit nur noch als Belastung. Und das nicht nur psychisch. So finden im Gemeindesaal auf einmal Orchester- und Chorproben statt. Die Wonnebergers wohnen drüber und empfinden den Lärm – oft bis Mitternacht – nervend.

Wonneberger weiß nicht, was wird. Er fragt sich voller persönlicher Sorgen: Welchen Status habe ich denn noch als Pfarrer? In einem Schreiben vom Landeskirchenamt wird er eines Tages aufgefordert, ein Gutachten über seinen Gesundheitszustand beizubringen. Wonneberger dazu heute: »Ich fühlte mich von den Juristen der Kirche unter Druck gesetzt. Man agierte nach dem Motto: Wenn Sie nicht können, müssen Sie den Antrag auf vorzeitigen Ruhestand stellen. Und wenn Sie das nicht wollen, muss es eben von Amtes wegen geschehen.« Wonneberger hat kaum jemanden, mit dem er über seine Probleme reden kann. Er redet sich die fehlende Solidarität schön, sagt sich: Jeder hat eben mit sich zu tun. Selbst seine Bürgerrechtler werden nun nicht aktiv. Es gibt keine Bekundungen für »ihren« Pfarrer, dem sie ja nicht wenig verdanken. Wonneberger erwirkt eine Sitzung seines Kirchenvorstandes, an dem Vertreter des Landeskirchenamtes teilnehmen, und will damit Klarheit. »Es nützte aber alles nichts, ich stimmte also meiner Pensionierung mit gerade mal 47 Jahren zu, verlangte aber eine offizielle Verabschiedung in einem Gottesdienst in der Lukaskirche«, erinnert sich Wonneberger.

Im Oktober 1991 wird der wichtigste Pfarrer der Friedlichen Revolution in der Lukaskirche in den vorzeitigen Ruhestand versetzt. Zur Verabschiedung ist Superintendent Friedrich Magirius gekommen. Er lobt seinen Bruder Wonneberger, obwohl er als Kirchenoberer mit ihm nicht selten Schwierigkeiten hatte. Wonneberger, der Gesangsunterricht als Therapie zur Wiedergewinnung seiner sprachlichen Fähigkeiten nimmt, behält sich vor, zwei Lieder von Johann Sebastian Bach zu singen.

»Weil man die Blumen vergessen hatte, nimmt man die flugs vom Altar und überreicht sie Wonneberger«, erinnert sich der Bürgerrechtler Uwe Schwabe an eine regelrecht skurrile Szene. Die Kirchenleitung scheint froh, ihren Querdenker endlich los zu sein. Wonneberger sagt heute darüber: »Ich konnte damals nicht kämpfen, meine Frau hatte mit den Kindern zu tun, und ich war im wahrsten Sinn des Wortes sprachlos. Die Kirche entsorgte mich amtlich korrekt auf juristische, aber nicht auf menschliche oder gar auf religiöse Art und Weise. Diese Abschiebung war für mich letztlich so schmerzhaft wie mein körperlicher Zusammenbruch. Warum man mir denn nicht die Chance bot, wieder Schritt für Schritt in meine Aufgaben hineinwachsen zu können? Das begreife ich bis heute nicht. Ich stürzte also in ein großes, tiefes Loch.«

Keiner redet über Jahre mehr von diesem »Provokateur«. Er wohnt mit der Familie noch eine Zeit lang im Pfarramt, hat aber mit der Kirche, mit und in der er die Friedliche Revolution maßgeblich beförderte, nichts mehr am Hut. Bei der

Vom Schicksal gezeichnet: Christoph Wonneberger Mitte der 1990er Jahre.

in den folgenden Jahren stattfindenden Aufarbeitung der ost-
deutschen Revolutionsgeschichte spielt einer der wichtigsten
Akteure für fast 20 Jahre fast keine Rolle. Andere können sich
fortan wichtigmachen, weil Wonneberger mit den Nachwir-
kungen des Hirnschlages jahrelang nicht in der Lage ist, sich
mitzuteilen. Die Wonnebergers fragen sich: »Wo leben wir
denn? Jetzt, wo die Gefahr vorbei ist, ist vergessen, was war?«
Seine neue Lebensschule beginnt. In der lernt er zunächst die
Sprache neu durch – Singen. Wonneberger besucht in Ham-
burg eine anthroposophische Musikschule, nimmt in Leipzig
Unterricht an der Musikschule Johann Sebastian Bach, singt
in den Chören der Nikolai-, Tabor- und Petrikirche. Die

Christoph Wonneberger mit seinen Kindern Josef und Marie (1996).

Foto: Timm Rautert

Musik lässt ihn ungleich leichter zurückfinden zu den Worten, die er so schmerzlich vermisst. Durch den Gesang fasst er seinen neuen Mut zum Artikulieren. Reden allein, so hat er erfahren, ist »so hart, ganz anders der Gesang, da verbindet sich im Kopf was ohne größere Probleme«.

Josef und Marie

So heißen die beiden Kinder des Ehepaars Wonneberger. Josef wurde 1987, Marie 1989 in Leipzig geboren. Die großen revolutionären Taten des Papas kennen sie nur aus seinem Erzählen oder meist aus anderen Quellen, zum Beispiel aus Interviews, die Journalisten aus ganz Deutschland mit Christoph Wonneberger führten. Gefragt haben auch die Kinder den Papa immer wieder. »Er ist keiner, der einfach losplaudert, er erzählt nicht frei heraus«, heißt es unisono: »Daran ist wohl nicht nur seine Erkrankung schuld gewesen. Er ist eben so, wenn man mit ihm reden will, muss es immer einen Grund geben. Das ist bis heute so geblieben.« Marie und Josef nutzen die Freiheit, für die sich ihr Vater stets eingesetzt hat. Josef hat von ihm das handwerkliche Talent geerbt. Er erlernte nach dem Schulbesuch in Leipzig in Friedrichshafen am Bodensee den nicht alltäglichen Beruf des Bootsbauers und ging schon bald in die Welt, erst nach Kanada und dann nach Australien. »Hier hatte ich sehr viel Glück, Fuß fassen zu können. Eine Firma in Melbourne wollte mich unbedingt haben, so dass ich eine Aufenthaltsgenehmigung bekam und nun sogar die Chance habe, eingebürgert zu werden. Ob ich je nach Deutschland zurückkomme, wird die Zukunft zeigen. Momentan geht es mir in Australien einfach zu gut, um an eine Rückkehr zu denken«, sagt Josef. Er lebt in einer gut abgesicherten Welt mit netten, kontaktfreudigen Menschen. Die Tür für ein spannendes und erfülltes Leben steht für Josef weit offen. Er weiß das zu schätzen: »Nicht jeder

Sohn Josef, gefragter Bootsbauer in Melbourne, genießt die Freiheit des Lebens in Australien.

hat so einen Glücksbringer.« Der war im übertragenen Sinn auch sein Vater. Mit ihm ist er seit vielen Monaten nur via Internet verbunden. Wenn beide meinen, miteinander reden zu müssen, dann skypen sie.

Gar nicht weit weg von Leipzig ist Wonnebergers Tochter Marie zunächst mal gelandet. Sie arbeitet in Bamberg als Atem-, Sprech- und Stimmerzieherin in einer sprachtherapeutischen Praxis. Marie sagt von sich selbst: »Ich bin noch unterwegs.« Also studiert sie neben ihrem Teilzeitjob Musik an der Universität der Stadt. Schließlich spielte sie mal lange Cello, dachte auch daran, Gesang zu studieren. Ist Josef in der weiten Welt angekommen, sucht Marie noch nach ihrem Zielort. Resolut wie sie ist, weiß sie, irgendwann anzukommen.

Der schwierige Bruder Wonneberger

»Was heißt, es war schwer mit ihm!? Was ist denn im Leben
schon leicht?«, sagt Friedrich Magirius, Superintendent i. R.,
nun 83 Jahre alt und in Leipzig noch immer unbestritten eine
anerkannte und von vielen hochverehrte Persönlichkeit. Anerkannt, nicht nur wegen seines vieljährigen kirchlichen Wirkens
für St. Nikolai und einen innerstädtischen Kirchenbezirk, sondern auch, weil »Magi«, wie ihn seine Vertrauten gerne nennen,
1990 Moderator am Runden Tisch und bis 1994 auch erster
und einziger ehrenamtlicher Stadtpräsident war.

»Ich habe doch Christoph erst geholt«, möchte Magirius
vermerkt wissen – damals Mitte der 1980er Jahre, als Wonneberger seinen Dienst in der Dresdner Weinbergsgemeinde
quittiert hatte und als Seelsorger in der Leipzig-Volkmarsdorfer
Lukasgemeinde begann.

Magirius: »Das war damals eine sehr schwierige Gemeinde
in einer schwierigen Leipziger Gegend. Wir wissen es ja noch:
Häuser, die zusammenfielen, Wohnungen, die von jungen
Leuten besetzt waren. In Volkmarsdorf bündelte sich Leipzig
in seiner wohl kompliziertesten Art und Weise.« Warum aber
ausgerechnet ihn, den so aufmüpfigen Geist Wonneberger,
dessen Friedensdienst-Initiative sich natürlich auch in der
Messestadt herumgesprochen hat, dorthin versetzen?

Magirius erinnert sich an jene Zeit: »Ich weiß noch, wie
Christoph und seine Frau in meiner Wohnung im Nikolaikirchhof auf dem Sofa saßen und mir sagten, dass sie sich in
Dresden nicht mehr wohlfühlen und gern nach Leipzig kommen würden. Mit Kollegen, mit denen ich zu tun hatte, war
es übrigens immer mein Stil, nicht nur dienstlich mit ihnen
umzugehen, sondern auch ein privates Verhältnis aufzubauen.
Also traf ich mich auch mit den Wonnebergers zunächst bei mir
zu Hause. Da saßen sie nun mit ihrem Wunsch, nach Leipzig zu kommen. Und ich habe sehr gern zu ihnen gesagt: Die
Gemeinde in Volkmarsdorf ist frei, ihr könnt euch bewerben.«

Den Superintendenten i. R. und Wonneberger trennt zwar keine Generation, aber immerhin 14 Jahre. Gerade die »dunkle deutsche Vergangenheit«, die der Ältere erleben musste, ist ihm sehr wichtig, denn er könne und wolle sie nun mal nicht verdrängen. Ist Wonneberger in den letzten Kriegstagen auf die Welt gekommen, so hat Magirius diese Tragödie lang und hautnah erlebt. Er wächst in Dresden auf, weiß, wie er war, dieser verheerende Bombenangriff im Februar 1945. Im Keller sitzend, fällt über dem jungen Mann das Haus zusammen. Fast aller Besitz ist damit zerstört, nur das Leben bleibt ihm. »Das«, sagt Magirius, »sind doch Ureindrücke, die für immer bleiben«. Aus ihm wird letztlich ein bekennender Versöhner, der die deutsche Schuld einfach nicht vergessen kann. Magirius ist in den 1980er Jahren tief dankbar, dass es in Polen Solidarność gibt und dass Gorbatschow kommt. Was dann 1989/90 vor allem auch in Leipzig geschieht, das überwältigt auch den Pfarrer einer traditionellen Volkskirche. Heute sagt er darüber nicht ohne selbstkritische Nuancen: »Zu lange habe ich nicht daran geglaubt, dass es so eine großartige Entwicklung wie die Friedliche Revolution geben kann. Denn für mich war die Teilung Deutschlands zunächst immer die Folge einer großen Schuld.« Ganz anders denkt darüber der Freigeist Wonneberger; der neuen deutschen Diktatur, in die er hineingeboren ist, setzt er permanent seinen Freiheitswillen entgegen. Was in jenen Leipziger Jahren seinen Superintendenten beeindruckt, aber auch in Rage bringen kann: »Ich habe Christoph bewundert in seinem Eifer und Einsatz, ich habe aber auch befürchtet, dass er an seine Grenzen stoßen wird.«

Friedensgebete finden in der Leipziger Nikolaikirche ab 1982 statt. Der synodale »Arbeitskreis Frieden und Gerechtigkeit« initiiert sie. 1986 wird Wonneberger die Koordinierung der Fürbitt-Veranstaltungen übertragen. »Christoph hat meist sein Zeug gemacht, Absprachen mit ihm gab es nur selten«, sagt Magirius. Wonneberger, ein Egoist also? – Magirius:

»Nein, das sicher nicht, er tat aber eben meist nur das, was er für wichtig hielt.« Der Superintendent steht vor allem der zunehmenden Politisierung der Friedensgebete kritisch gegenüber, schließlich muss er sich deshalb immer öfter bei Kirchenleitung und Staatsmacht rechtfertigen. Heute sagt Magirius selbstkritisch dazu: »Ich hätte mehr mit Christoph reden müssen.«

Der »Sup« muss also oft vermitteln, sich auf den Dialog mit dem DDR-Staat einlassen. Ganz anders kann Wonneberger auftreten. Die rasende Entwicklung überrollt auch Magirius, »seine« Kirche wird von Bürgerrechtlern, die bleiben wollen, und Ausreiseantragstellern, die weg wollen, vereinnahmt. Qua Amt dürfte Magirius mit der Politisierung unterm Christuskreuz eigentlich nicht einverstanden sein, als Friedens- und Freiheitsmensch empfindet er aber schon Sympathie für das, was bei den montäglichen Friedensgebeten passiert. Was im Rückblick manch einer Lavieren nennt, möchte Magirius als »zurückhaltende, vermittelnde Diplomatie« verstanden wissen. »Ich war ja froh über manches, das ich wusste, aber froher, dass ich vieles nicht wusste.« Magirius spricht da vor allem die Kontakte an, die Wonneberger und die Bürgerrechtler aus den kirchlichen Diensträumen der Lukaskirche zu den Westmedien unterhielten. Das Nichtwissen, so Magirius, habe ihm wenigstens schlaflose Nächte erspart.

Er ist trotz mancher Kritik letztlich doch ein Freund und sogar ein Verehrer Wonnebergers: »Christoph war ganz, ganz wichtig für den Wandel. Unvergessen«, so der altersweise Friedrich Magirius, »sein Friedensgebet am 25. September 1989. Maßvoll und intelligent hat er vor der Gewalt gewarnt. Ich und alle Menschen in der überfüllten Nikolaikirche waren tief beeindruckt von den Worten dieses Predigers. Wenn ich gerade heute daran denke, so muss ich mir schon eingestehen: Ich bin zu spät zu ihm in die erste Reihe getreten. Das tut mir weh, doch kann ich es nicht mehr ändern. Was geschehen ist, ist geschehen.«

Magirius empfindet Wonnebergers Schlaganfall-Schicksal als »große persönliche Tragödie«. Eigentlich, so habe er damals gedacht, müsse doch so einem Mann vom lieben Gott gedankt und ihm viel Kraft gegeben werden – stattdessen verschlage es ihm die Sprache. Am 20. Mai 1990 wird der Leipziger Superintendent Magirius in der Frankfurter Paulskirche mit dem Gustav-Heinemann-Bürgerpreis ausgezeichnet. Er will sich dort vor Bundespolitikprominenz nicht solo feiern lassen, sondern den Preis als Stellvertreter für die Leipziger Revolution entgegennehmen. Also bittet er einige Protagonisten aus den Bürgerrechtsgruppen und Vertreter seiner Kirche, ihn nach Frankfurt zu begleiten. Wonneberger ist mit dabei, obwohl es ihm noch nicht gerade gut geht. In den Dankesworten spricht Magirius auch über die Gruppen, die »sich für Gerechtigkeit und Menschenrechte im eigenen Land einsetzten und die gesellschaftliche Defizite offen aussprachen. Hier muß der Name von Christoph Wonneberger, Pfarrer an der Lukaskirche in Volkmarsdorf, ausdrücklich genannt werden, über dessen Anwesenheit ich mich besonders freue.« Und, zum Schluss: »Der Bürgerpreis, den wir heute erhalten, ist für uns ein wichtiges Zeichen der Ermutigung … Und ich denke, wir nehmen diesen Bürgerpreis richtig entgegen, wenn wir versichern, unsere Friedensgebete gehen weiter.«

Freilich ohne Wonneberger. Ihm fehlen ja nun die Worte. Wo bleibt in so einem ganz besonderen Fall die Menschlichkeit?

Magirius: »Auf seiner Stelle konnte er nicht bleiben, sie musste neu besetzt werden.« – Die Kirche hat ihn also nicht fallen lassen? – »Auf den ersten, den rein arbeitsrechtlichen Blick sicher nicht, ich hatte aber auch nicht beachtet, ihn vielleicht als Rehabilitanten weiter zu beschäftigen, zudem gab es ja seitens des Lukaskirchen-Vorstandes keine Fürsprache für ihn. Die Gemeinde wollte damals nur eins haben: Endlich wieder einen voll einsatzfähigen Pfarrer. Christophs Krankheit und sein Ausscheiden als Pfarrer ist aber ein Kapitel auch meines Lebens, das mit mir gehen wird, so lange ich lebe. Was mir bleibt, ist ein Stück Schuld und Versagen.«

Erinnerungen des Telefonisten

Thomas Rudolph ist heute 52 Jahre und ohne Zweifel einer der wichtigsten Protagonisten der Friedlichen Revolution. Rudolph macht aber von dem, was er einst tat, seit jeher wenig Aufhebens. 1988 ist der gebürtige Karl-Marx-Städter und Student der Theologie nah dran an Pfarrer Christoph Wonneberger und dessen Lukaskirche. Rudolph ist 1986 Mitgründer des »Arbeitskreises Gerechtigkeit« und ab 1988 sogar dessen hauptamtlicher Sprecher. Das heißt, dass er von der dem Staat oppositionell gegenüberstehenden Bürgerinitiative bezahlt wird. 1988 gehört Rudolph auch noch zu den Gründern der »Initiativgruppe Frieden und Menschenrechte«. Rudolphs maßgebliches Verdienst ist es, den Kontakt zu Oppositionellen, westlichen Medienvertretern und zu den Machern unabhängiger Untergrundschriften DDR-weit zu pflegen. Das Diensttelefon von Pfarrer Wonneberger in der Lukaskirche wird zum Draht in die Welt. Die Staatssicherheit weiß sehr wohl von diesem Kontakt- und Informationstelefon und hört die Gespräche auch ab. Mehr passiert aber nicht, denn man hätte ja eingestehen müssen, ein Diensttelefon in einer Kirche zu kontrollieren. »So einen Skandal«, weiß Rudolph, »wollte man dann doch nicht riskieren. Wir wussten damit, dass die Staatsmacht den Zugriff gegenüber der Kirche letztlich doch scheut. Die Kirche, die zwar, wie wir später erfuhren, auch von der Stasi untersetzt worden war, stellte letztlich einen unangreifbaren Raum dar. Das zu wissen, war sehr wichtig für jeden Einzelnen von uns. Eine Verhaftung in diesem Umfeld hätte also sofort für Schlagzeilen in den Westmedien gesorgt oder wäre damit auch publik geworden bei der KSZE, der Konferenz für Sicherheit und Zusammenarbeit in Europa, bei der ja Honecker gerade sehr um Anerkennung der DDR bemüht war.«

Rudolph, so eigenwillig er auch sein mag, sagt von sich, in Zeiten der Friedlichen Revolution vor allem ein Teamarbeiter gewesen zu sein. Im Rückblick kann er mit einzelnen »Heldendarstellungen« nur wenig anfangen: »Eine Diktatur kann man doch nicht als Einzelkämpfer beseitigen, sondern nur dank einer gut funktionierenden Gemeinschaft überwinden. Wonni war dabei wichtig, doch ohne das von über 100 Leuten getragene Netzwerk wäre auch er nichts gewesen. Das Zentrum unseres Tuns waren seine Diensträume der Lukaskirche und sogar mal seine Wohnung. Es gab unter uns verschiedene und sehr klar zugeteilte Aufgaben. So brachten beispielsweise Kathrin Walther und Frank Richter, die wie ich in den Menschenrechtsgruppen organisiert waren, die Fotos von den Leipziger Montagsdemonstrationen, die dann in den Westmedien publiziert wurden, auf dem Motorrad nach Berlin, wo sie unsere Kontaktperson Susanne Krug in Empfang nahm und diese Dokumente einem Kontaktmann, der für DPA und AP arbeitete, aushändigte. Der sorgte wiederum dafür, dass die Bilder in den Westen kamen und verbreitet werden konnten. Das war doch ganz wichtig. Im Westen sah man, was in Leipzig wirklich geschah. Die Stasi hatte nie begriffen, dass wir es, also ganz einfache Bürgerinnen und Bürger, waren, die die westdeutschen Politiker, Organisationen und Journalisten versuchten, in unserem Sinne zu beeinflussen.«

Rudolph spricht von einem System, das er mit einem »Ameisentransport« vergleicht. Ihn amüsiert es noch heute sehr, dass die Staatssicherheit diesem Treiben nie so richtig auf die Spur kam. Die staatsaufweichenden Aktivitäten von Rudolph und Verbündeten gipfeln letztlich in der legendären Demonstration vom 9. Oktober 1989. Auch an diesem Montag haben die Leipziger Bürgerrechtler dafür gesorgt, dass die Bilder in die Welt finden. Die Weltöffentlichkeit trägt zum Zusammenbruch des SED-Staates bei. In den Wochen danach wird Thomas Rudolph zum Mitinitiator der Runden Tische, geht einige Jahre in die Landespolitik, sucht aber später und auch heute wieder nach seinem Platz in der neuen freien Welt.

Oliver Kloss, ein enger Vertrauter

»Rede mit Oliver, der weiß sehr viel von mir«, sagt Wonneberger auf die Frage, wer denn authentisch über ihn, diesen aufmüpfigen Geist(lichen) Auskunft geben kann. Oliver Kloss, heute 51, ist 1980 ein junger Mann. Er will Lehrer werden, studiert Pädagogik am Institut für Lehrerbildung in Löbau, wo zu DDR-Zeiten Unterstufenlehrer ausgebildet werden. Im 1. Studienjahr soll er angeworben werden für die Dienste der Staatssicherheit. Er verweigert sich, denkt, nun ist schon wieder Schluss mit dem Studium. Zur eigenen Verwunderung passiert erst mal nichts, man wartet aber nur, um ihm dann doch einen Strick zu drehen. Kloss hat ja auch schon gewisse Delikte vorzuweisen, mit denen man sich an ihm rächen kann. In seinem Wohnviertel Dresden-Plauen setzt er mit einem Freund in der Nacht zum DDR-Nationalfeiertag am 7. Oktober 1980 DDR-Fahnen, die an der Schule und vor der Post hingen, auf Halbmast. Da Oliver letztlich nicht bereit ist, sich dem Staat zu fügen, wird er exmatrikuliert. Ab zur Bewährung in die Produktion also. Im Sommer 1981 arbeitet Kloss, nachdem er zunächst im Trickfilmstudio der DEFA angenommen war, dann aber, wie er später erfährt, aus »kaderpolitischen Gründen« doch nicht genommen wird, im VEB Reifenwerk in Dresden-Coschütz als Duschwärter. Er hat dabei schlicht und ergreifend die Brausen, mit denen sich die Reifenwerker täglich den Kautschukfilm runterwaschen, sauber zu halten. »Zu tun fast nichts, einmal am Tag durchspritzen mit dem Schlauch. Ob man wischt oder nicht, ist nicht zu kontrollieren. Ein lustiger Job«, erinnert sich Kloss.

Zurück aus Löbau, hat sich der vom Lehrerbildungsinstitut Verwiesene eins geschworen: »Jetzt machst du was, was diesem Staat wirklich schadet.« Er weiß nur nicht was – und lernt in dieser Phase der Neuorientierung Christoph Wonneberger mit seiner Kettenbriefaktion für die SoFd-Initiative kennen. Kloss und Freunde nutzen »Wonnis« Strategie der

Kettenbriefe, um für den 13. Februar 1982 zu einem großen landesweiten Treffen von Friedensfreunden an der Ruine der Frauenkirche aufzurufen. Wonneberger wird damit zu einem Vorbild für Kloss. Ab Mitte der 1980er Jahre studiert er dann in Leipzig am Theologischen Seminar der Landeskirche Sachsen Theologie und bekommt von nun an engen Kontakt zum Pfarrer der Lukaskirche. Kloss gehört auch zu den Mitgründern der »Arbeitsgruppe Menschenrechte«. Er weiß von den anfänglichen Konflikten zwischen denen, die einen Ausreiseantrag gestellt hatten, und denen, die bleiben wollten. Die Gruppen sind ein Sammelbecken unterschiedlichster Anschauungen, geeint vom Streben für Freiheit und Demokratie. Kloss verdient sich sein Geld zum Lebensunterhalt auf vielfältige Weise, er arbeitet bei der Post, in einer Lichtpauserei, auch als Aktmodell an den Kunsthochschulen in Dresden und Leipzig.

»Christoph Wonneberger war der wichtigste Mensch für die Friedliche Revolution im ganzen Süden der ehemaligen DDR. Ohne ihn wäre wohl das, was passierte, nicht so schnell passiert. Wonni sorgte dafür, dass wir unseren Freiraum hatten«, sagt er und erwähnt besonders das Friedensgebet am 25. September 1989. Darauf könne die ganze Bürgerrechtsbewegung in der ehemaligen DDR noch heute stolz sein. Kloss ist im engen Zirkel der Bürgerrechtler, die Lukaskirche gibt ihm die Sicherheit, er selbst fällt, auch das gab es, hinaus aus der Bearbeitung der Stasi allein aus dem Grund, weil er zwischen Dresden und Leipzig pendelt und die Überwachung nicht mehr weiß, wo er wohnt. Bis April 1989 hält er seinen Ausreiseantrag aufrecht, zieht ihn aber, der Zufall will es, ausgerechnet an jenem Tag bei der Abteilung Inneres des Rates des Bezirkes Dresden zurück, an dem er in die Bundesrepublik entlassen werden sollte. Kloss heute: »Ich wollte die Pointe meiner Jugend nicht im Westen im Fernsehen sehen. Ich war mir absolut sicher, dass es nun ernst wird mit dem Ende der DDR. Denn den Bürgerrechtlern schloss sich mehr und mehr die Durchschnittsbevölkerung an. Zu so einem Zeitpunkt auszureisen, fand ich einfach blöd. Jede Hand, die schießen kann, wurde gebraucht. Ich sagte also bei den Genossen, dass ich nicht mehr weg will. Als ich aus dem Büro ging, habe ich freundlich gegrüßt.«

Der Dableiber geht damals freilich nicht davon aus, dass die Revolution derart friedlich ablaufen wird. Bei der Montagsdemo ist er meist unterm Volk und berichtet via Telefon ins Lukaspfarramt, was passiert. Kloss: »Das war gar nicht so einfach, ich musste meine Zwanziger bereit halten und die Telefonzellen suchen, die auch funktionierten. Noch gab es ja kein Handy.« Kloss, der heute als freier Dozent für Philosophie und Politikwissenschaften u. a. an der Universität Leipzig tätig ist, ärgert es, dass in der Geschichtsschreibung die Strukturen, wie die Friedliche Revolution gelang, selten richtig deutlich werden. Ein Kind, das heute über 1989 in der Schule lernt, müsse vor allem eins wissen: Nicht viel mehr als 300 Leute haben DDR-weit genügt, um so eine Revolution zu machen.

Und einer ihrer unverzichtbaren Organisatoren heißt Christoph Wonneberger. Und warum gerade Leipzig ein Zentrum der Subversion? Auch darauf hat Kloss eine schlüssige Antwort: »Hier gab es mit dem Theologischen Seminar eine nichtstaatliche Ausbildungsstätte, die Leute wie mich oder auch meine Studien- und Bürgerrechtsweggefährten Thomas Rudolph oder Rainer Müller anzog. Das Schlagkräftige an Leipzig war das Netzwerk der Bürgerrechtsgruppen, die zwar nie spannungsfrei miteinander umgingen, aber gerade auch deswegen so effektiv wirkten. Wonni war unser nicht gewählter Leader. Alles war konzentriert auf die Lukaskirche. Hier gab es für uns die Raumfreiheit, die wir brauchten.«

Kloss hat Politik (mit-)gemacht. Preise beansprucht er dafür nicht: »Wie unser Mitstreiter Frank Richter immer sagt: Wir hatten gesiegt, was soll das also jetzt noch?« Der Politologe will die Ereignisse von damals auf das wirklich Wichtige reduzieren. Empfindet er eigentlich Stolz? – »Stolz? Ja, wenn ich darüber nachdenke, schon ein bisschen, ich werde ihn aber nicht vor mir hertragen.«

Pfarrerfreund Turek

Ihre Kirchen liegen mitten in Leipzig, nur wenige hundert Meter voneinander entfernt, und auch sonst ticken die Seelsorger Christoph Wonneberger und Rolf-Michael Turek auf gleiche Art und Weise. Kein Wunder eigentlich, dienen sie doch beide biblischen Evangelisten. Wonneberger dem namens Lukas als Pfarrer der Volkmarsdorfer Lukasgemeinde, Turek seinem Markus in der Reudnitzer Markusgemeinde. Freilich hat Turek kein Gotteshaus mehr, sondern nur noch einen Gemeindesaal für Gottesdienste und Andachten. Die Markuskirche war 1978 wegen Baufälligkeit abgerissen worden. Widerstand dagegen gab es kaum. Bis heute hält sich freilich die Geschichte, SED-Chef Walter Ulbricht, der bekanntlich ein Arbeiterkind aus dem Leipziger Osten war, wollte vom Stadtzentrum in seine proletarische Heimat einen »klerikal–freien« Blick haben. 1968 war die Universitätskirche St. Pauli (Paulinerkirche) entsorgt, bereits 1963 der frisch sanierte (!) Turm der im Krieg schwer beschädigten Johanniskirche abgerissen worden. Dann, letztlich, also auch noch die Markuskirche. Am nahen Lukas-Gotteshaus hatte ja Christoph Wonneberger selbst Hand angelegt und seinen Teil geleistet, damit wenigstens diese Kirche 40 Jahre DDR überstehen konnte.

Die Wege der Pastoren Wonneberger und Turek kreuzen sich oft, man ergänzt sich bei der Arbeit. Bei Markus kann als ein Höhepunkt der couragierten Bürgerrechtsarbeit die Kontrolle der Kommunalwahlergebnisse im Mai 1989 gelten. Bei Rolf-Michael Turek laufen die Daten zusammen, die beim öffentlichen Auszählen in den Wahlbüros der Republik registriert werden. Die Beweise des Betrugs werden hier noch mühsam mittels Schreibmaschine zusammengestellt und die Listen dann an die einzelnen Gemeinden versendet. Turek erinnert sich: »So erfuhr man, dass beispielsweise in Weimar laut Mitteilung im Neuen Deutschland 96,86 Prozent für die Kandidaten der Nationalen Front stimmten, es in Wirklichkeit aber nur 90,16 Prozent waren. Haarsträubend aber auch die Fälschung in Berlin-Prenzlauer Berg: Statt den offiziellen 98,14 Prozent gab es laut unserer Statistik nur 88,58 Prozent Ja-Stimmen. Das war für DDR-Zeiten ein unglaubliches Ereignis.« Turek schreibt mit Kenntnis der wahren und der gefälschten Ergebnisse auch an alle Leipziger Kirchgemeinden und fordert dazu auf, gemeinsam etwas zu tun. Nur fünf Antworten kommen. »Noch«, so Turek, »haben eben viele den Schwanz eingezogen …«

Als es wenig später um die Anerkennung des Neuen Forums geht, liegen im Reudnitzer Markuspfarramt Solidarisierungslisten aus. Auch zur Überraschung Tureks kommen »sehr, sehr viel Leute«, um sich einzutragen. Ein Mitglied des Kirchenvorstandes arbeitet bei Robotron. Er schlägt vor, die Fakten am besten elektronisch zu sichern, was für damalige und zudem Ostzeiten einiges Neuland darstellt. Turek, heute und noch immer beeindruckt von der einstigen Kühnheit: »Also sind wir an einigen Wochenenden in seinen Betrieb gegangen, haben Computer ins Pfarramt geholt und dort die Daten eingegeben. Sonntagabend brachten wir die Computer zurück. Wären wir dabei erwischt worden, hätte die Staatsmacht zugeschlagen und die Kirche hätte uns wohl nicht schützen können. Die Sammlung von Informationen und der Kontakt zu Westmedien galt ja damals noch als Spionage.«

In dieser Zeit ist Wonneberger mit seiner Frau verreist. Der Onkel im Westen darf besucht werden. Während das Ehepaar das andere Deutschland erkundet, schaut sich die Stasi, wie

Wonneberger später aus seinen Akten erfährt, bei ihm im Pfarramt um. Der Hausmeister hatte den Genossen einen Nachschlüssel angefertigt.

Pfarrer Turek – eine Art Wonneberger?! Der Ex-Markuspfarrer, heute fast 65 Jahre alt und noch immer als Seelsorger am Universitätsklinikum tätig, lacht: »Nichts dagegen … « Wonneberger sei für ihn auch ein bisschen »Pater Brown« gewesen, der kommt ja bekanntlich dorthin, wo es schwierig ist – und er macht dann immer Betrieb. Turek bildet sich Anfang der 1980er Jahre bei kircheninternen Kursen in gruppenorientierter Gemeindearbeit weiter. Bei diesem geistig-geistlichen Think Tank tritt auch Wonneberger, damals noch Pfarrer der Weinbergsgemeinde, auf. Die Chemie stimmt zwischen ihm und Turek. Jahre später kreuzen sich ihre Wege im Leipziger Osten. Dritter im Bunde ist hier zu Lande Pfarrer Erler, zuständig für die Neustadt-Neuschönefelder Heilig-Kreuz-Gemeinde. Nach 1990 wird schnell offenkundig, dass letzterer Seelendienstler als IM »Amos« (Turek: »Amos, ein alter Prophet aus dem Alten Testament«) tätig war. Die Gemeinden arbeiten zusammen, tauschen sich aus, eine Vereinigung will aber niemand. Turek erinnert sich: »Wir saßen beim Landesbischof Johannes Hempel. Er sagt zu Wonneberger: Von Ihnen möchte ich endlich mal einen Gottesdienst erleben, der eindeutig christlich bestimmt ist. Da haben wir uns abgesprochen, bei Wonneberger Luthers Text von der Freiheit eines Christenmenschen, bei uns die kirchlichen Gruppen und ihr Widerstand.« In der Tat ist damals auch bei Turek in der Markusgemeinde die Welt zu Gast. Der Pfarrer erinnert sich an eine kleine Begebenheit. Zwei Mitarbeiter von West-Nachrichtenagenturen treffen sich in Reudnitz: »He, wo haben wir uns denn zum letzten Mal gesehen? – Das war im Libanon … « Und jetzt Leipzig, Made in GDR.

Turek erlebt in jenen Jahren den ganzen Wonneberger, einen Pfarrer eben, der stets hinterfragt und der der Überzeugung ist: Christentum muss politisch sein. Wonneberger setze aufs politische Gebet, wolle nicht nach oben delegieren, sondern fordere auf zur eigenen Verantwortung. Turek: »Bischof Hempel wurde ja immer wieder seitens des Staates angezählt, er solle seinen Pfarrer Wonneberger disziplinieren. Und was tat der? Er hat immer weiter die Auseinandersetzung gesucht, ob nun mit dem Staat oder mit seiner Kirche. Als dann Christoph auf Grund seiner Krankheit seinen Dienst quittieren musste, schien es mir, als sei man bei der Landeskirche froh, endlich ein unliebsames Problem gelöst zu haben.«

Redet Turek über seine eigenen Meriten für die Friedliche Revolution, stellt er fest, dass er auf Fotos aus jenen Tagen furchtbar schmal aussieht. Die Zeit sei ja auch unglaublich intensiv gewesen. Das Markuspfarrhaus ist wie das von Lukas ein Zentrum der Opposition. Hier können die Bürgerrechtler ihre Umweltbibliothek einrichten, hier treffen sich Journalisten aus dem Westen mit Oppositionellen aus dem Osten, um aus Leipzig zu berichten.

Dass übrigens am 9. Oktober 1989 in den vier Leipziger Innenstadtkirchen Friedensgebete stattfinden, ist auch ein Verdienst von Rolf-Michael Turek. Er weiß noch: »Es war Pfarrertag. Kollege Matthias Berger, der später auch als IM enttarnt wurde, steckte mir: Der Bischof hat vor, die Friedensgebete am kommenden Montag einzustellen. Ich bin heiser, Sie müssen was dazu sagen. So kam es, ich war aber dadurch vorbereitet und forderte: Es kann nicht um Einstellung gehen, sondern darum, dass in allen Leipziger Innenstadtkirchen Friedensgebete abgehalten werden. Der große Teil der Pfarrer stand auf meiner Seite. Warum mir aber ausgerechnet ein IM offenbarte, dass die Friedensgebete abgeschafft werden sollen, ist mir bis heute nicht klar.«

Turek fasst das heute in folgende bilanzierende Worte: »Wonneberger hat eine wichtige Rolle für die Friedliche Revolution gespielt und hätte nach 1990 bei der Neuorientierung eine wichtige Rolle spielen können. Seine Stimme fehlte, der Ruhm wäre ohne Frage auch anders verteilt worden.

Dass Christoph, ein grandioser Spieler mit dem Wort, seine ureigene Waffe nicht mehr gebrauchen konnte, ist eine große Tragik – für ihn, für uns.«

Hausmann und Bundesverdienstkreuz

Christoph Wonneberger muss im Herbst 1989, also quasi von heute auf morgen, lernen, sein neues Leben zu führen. Die schwere Krankheit sorgt dafür, dass die Geschichtsschreibung nun fast ohne ihn stattfindet. Das schmerzt ihn anfänglich, lässt ihn aber bald eher unbeeindruckt. Er besucht nochmal ein Friedensgebet in der Nikolaikirche, erkennt aber auch dabei, dass seine Zeit vorbei ist. 1994 gibt es eine kurze Renaissance von Wonneberger, dem fast vergessenen Revolutionär. Fünf Jahre nach jenen geschichtsträchtigen Ereignissen besonders auch in Leipzig verleiht Bundespräsident Roman Herzog an ehemalige DDR-Bürgerrechtler das Bundesverdienstkreuz. Aus Leipzig sind Gesine Oltmanns, Christian Führer und Uwe Schwabe vorgesehen. Die drei sind sich aber schnell einig, dass vor allem auch Christoph Wonneberger geehrt werden müsste. Führer teilt im Auftrag der anderen beiden Preisträger dem Bundespräsidialamt mit, dass die Leipziger die Auszeichnung ablehnen werden, wenn Wonneberger nicht dabei ist. Diese Intervention hat Erfolg, am 9. Oktober 1994 werden im Alten Rathaus zu Leipzig neben den genannten sowie unter anderem Marianne Birthler, Katja Havemann, Joachim Gauck, Ulrike und Gerd Poppe auch Christoph Wonneberger geehrt. Herzog sagt auf der Feierstunde, bei der er insgesamt 28 Bürgerrechtlerinnen und Bürgerrechtler auszeichnet: »Im Oktober 1989 wusste noch niemand, ob die Demonstrationen geduldet werden oder ob sie in einem Blutbad enden würden … Ihnen allen kommt das Verdienst zu, die Diktatur erst in die Schranken verwiesen und dann überwunden zu haben. Deshalb verzichte ich heute

Leipzig 1994: Christoph Wonneberger wird im Alten Rathaus von Bundespräsident Roman Herzog mit dem Bundesverdienstkreuz ausgezeichnet.

auf jede Einzelbegründung, Hervorhebung oder Gewichtung.
Dieser Dank ist nicht abstufbar.« Die Dankesworte spricht
Marianne Birthler, sie fordert in Anbetracht mannigfaltiger
Probleme beim Zusammenwachsen von Ost und West zu
neuer Zivilcourage auf: »Heute braucht es die Bürgerbe-
wegung der Bundesrepublik.«

Für den nur für wenige Stunden ins öffentliche Bewusstsein zurückgekehrte Christoph Wonneberger stehen freilich auch künftig die privaten Dinge obenan. Er kümmert
sich um seine Familie, hat aber auch neue Ideen, engagiert
sich beispielsweise in einem Verein für ökologisches Bauen.
Durch ungeklärte Rechtsfragen über Grund und Boden
scheitert aber der Plan von rund 50 Familien, sich in Gemeinschaft eine neue Siedlung errichten zu können. Die folgenden
zehn Jahre ist Wonneberger dann vor allem eines – Haus-
mann. Er träumt von neuen Vorhaben, etwas Soziales tun,
etwas Ökologisches, Leben in einer Kommune wie in einem

Kibbuz schwebt ihm vor, was Handwerkliches mit dem Geistigen verbinden, ein Mehr-Familien-Verein, in dem die verschiedenen Generationen füreinander da sind. Seine beiden Kinder besuchen erst den Waldorf-Kindergarten, dann die Schule dieser Bildungsbewegung. Wonneberger engagiert sich hier wie da als Vater, ist bei Klassenfahrten dabei. Ansonsten ist das tägliche Leben zu meistern. Wonneberger lernt kochen, setzt auf »bio« – zu Zeiten, als im Osten so etwas noch in den Kinderschuhen steckte. Er kauft bewusst ein, schafft sich eine kleine Getreidemühle an, um die Brötchen selbst backen zu können.

Zu tun hat Wonneberger in jenen Tagen, Wochen, Monaten auch beim Lesen der über ihn angelegten Stasiakten. Mensch, sagt er sich schon bald, das ist ja eine irre Menge, du bist doch gar nicht mehr fähig, so viel zur Kenntnis zu nehmen. Bei diesem besonderen Studium läuft sein Lebensfilm noch mal vor ihm ab. Er staunt über die Fakten, die über ihn in den Akten stehen, sagt sich, ja, so war's, er erlebt aber keine Enttäuschung: »Ich hatte immer für möglich gehalten, dass die Stasi dicht an mir dran war. So konnte ich auch nicht enttäuscht werden. Dass aber von all den Spitzeln nicht einer fähig war, sich mit mir aussprechen zu wollen, beziehungsweise sich bei mir zu entschuldigen, das ist aber schon bemerkenswert«, sagt Wonneberger. Er habe ab und an versucht, »goldene Brücken« zu bauen, doch das Ergebnis sei stets negativ gewesen. Schade, denkt sich Wonneberger, auch fast 25 Jahre nach jenen Tagen. Offen für solche Aussprachen ist er aber noch immer.

Wonneberger wird zu einem begeisterten Radfahrer. Mit der Familie geht es oft hinaus, Touren mit Gleichgesinnten finden statt. Er will die Kommunikation und sucht die Gemeinschaft, auch wenn es noch immer mit den Worten hapert. Er wird Mitglied im *Allgemeinen Deutschen Fahrradclub* (ADFC). Schon 1982 hatte er ja in Dresden seine »Friedenssternfahrt«, damals gedacht als Aktion für seine SoFd-Initia-

Radeln für den Frieden: Christoph Wonneberger fährt von Paris bis nach Moskau – ohne Konditionsschwächen und auch ohne eine Panne.

tive, geplant, die aber durch Intervention von Staat und Amtskirche nicht zu realisieren war. 2008 packt es den Radfahrer Wonneberger so richtig, als er von der Tour Paris–Moskau unter dem Motto »Bike for Peace« hört. – »Das muss sein, das ist mein Ding, das passt so gut, das hätt' ich ja erfinden können«, sagt er sich und legt mit über 100 Friedensaktivisten unterschiedlicher politischer Herkunft in sieben Wochen 4200 Kilometer (ohne eine Panne!) zurück.

Die längste Etappe ist dabei in Weißrussland über fast 250 Kilometer zu absolvieren. Wonneberger zeigt keinerlei Schwäche bei dieser Friedensfahrt, ja, so erinnert er sich, er habe sich nie wieder so gesund gefühlt wie in jenen Tagen und Wochen. Auch von der Botschaft der Tour ist er beseelt, man besucht verschiedene Denkmäler, die auf all die Kriege vom napoleonischen Eroberungsfeldzug bis zum von Deutschland verbrochenen Zweiten Weltkrieg verweisen, macht sich in Weißrussland mit den Folgen der atomaren Katastrophe von Tschernobyl vertraut und debattiert in diesem Zusammenhang über die erneuerbaren Energien.

Helden-Bambi

Die Renaissance des Helden Wonneberger beginnt 2008/2009. Endlich, so möchte man sagen, und zwar zum 20. Jahrestag der Friedlichen Revolution. Wonneberger fühlt sich jetzt mental und körperlich auch wieder sehr viel besser, er merkt vor allem, sich wieder verständlich artikulieren zu können. Freunde und einstige Bürgerrechtsweggefährten wie Uwe Schwabe vom Archiv Bürgerbewegung Leipzig e. V. tun das Ihre, um »Wonni« wieder in die öffentliche Wahrnehmung zu bringen. Sie sagen zu ihm: »Es fehlt uns sehr, dass Du dich nicht äußerst.« Auch spüren die Weggefährten von einst, die Wonneberger viel zu verdanken haben, bei ihm etwas gutmachen zu müssen. Schwabe gesteht dann auch ein: »Wonnis Schicksal hatte uns tief berührt, was sollten wir aber tun? Über die vielen Jahre, in denen er noch spürbar an den Folgen seiner Krankheit litt, gab es ganz sicher zu wenig Kontakt von uns zu ihm. Ja, wir hatten ihn wohl viel zu lange vergessen. Als dann aber mit Blick auf das 20-jährige Jubiläum der Friedlichen Revolution wieder nur Christian Führer & Co. im Mittelpunkt stehen sollten, sagten wir uns: Jetzt wird es aber endlich Zeit für Wonneberger.«

Das Archiv Bürgerbewegung Leipzig e. V. nutzt die vielfältigen Kontakte zu den Medien. In bundesweit erscheinenden Zeitungen und politischen Magazinen erscheinen auf einmal Geschichten mit und über Wonneberger. Peter Wensierski, Spiegel-Reporter und Kenner der Revolutionsereignisse, rückt im Nachrichtenmagazin laut Schwabe »die Geschichte gerade«: »Das war wichtig, weil in jenen Tagen ja auch Christian Führers Autobiographie erschien.« In Leipzigs Runder Ecke tritt Wonneberger zu einem öffentlichen Interview auf. Über zwei Stunden währt das Gespräch mit den Ex-Bürgerrechtlern Reinhard Bohse und Tobias Hollitzer. Fazit auch dieser Geschichte: »Wonni« ist wieder da. Auch der Sächsische Landesbeauftragte für die Stasi-Unterlagen,

Grußkarte: »Wir sind Bambi« – Christoph Wonneberger mit Familie, 2009

der gemeinsam mit der Sächsischen Staatskanzlei einen Ausstellungsbus unter dem Motto »1989 [Unser Aufbruch] 2009« durch vierzig sächsische Städte rollen lässt, räumt Wonnebergers Geschichte einen prominenten Platz in der Präsentation ein. Nicht nur in Sachsen ist die Ausstellung zu sehen, auch in Berlin und Bonn können Besucher Interviewsequenzen mit Wonneberger verfolgen oder die Mundbinde anschauen, mit der er einst gegen den Ausschluss der Bürgerrechtler aus den Friedensgebeten protestiert hatte. In den folgenden drei Jahren rotiert die Ausstellung an Schulen.

Der ehemalige Pfarrer der Lukaskirche wird sogar im deutschen öffentlich-rechtlichen Fernsehen bekannt und trägt hier dazu bei, dass Leipzigs Revolutionsgeschichte doch ein bisschen anders als bisher erzählt wird. Am 26. November 2009 wird Wonneberger im Rahmen der traditionellen TV-Show der ARD in der Kategorie »Stille Helden« mit dem Bambi ausgezeichnet. Mit ihm erhalten an diesem Abend in Potsdam auch Siegbert Schefke und Aram Radomski den Bambi für die »Initiierung der Montagsdemonstrationen«. Wonneberger hätte es lieber gesehen, dass mit ihm 100 der Leipziger Friedlichen Revolutionäre auf der Bühne stehen können. Vielleicht unterschätzt Wonneberger an dieser Stelle, wie wichtig die Fernsehbilder damals waren – nicht nur im Westen, sondern vor allem im Osten. Natürlich kam die Initialzündung von den Bürgerrechtlern, aber die Masse erreichte das Fernsehen. Beides lief letztlich perfekt zusammen.

Wonneberger widerspricht dem geplanten Bambi-Prozedere, verändern kann er es aber nicht. Er nimmt den Preis, obwohl er damit »Bauchschmerzen« hat, an. In seiner Dankrede will er wieder der »Provokateur« sein, redet vor einer Millionen-Zuschauergemeinde, obwohl ihm das Finden der richtigen Worte noch immer schwer fällt:

»Der Preis macht mich erst einmal verlegen. Auch wenn andere sagen: Du hast das verdient, ein Stück Gerechtigkeit. Dann die Idee: Viele zu beteiligen, wie früher, etwas gemeinsam säen, gemeinsam ackern – und ich soll nun allein ernten? Nein! Ich wollte mit 100 Mitstreitern hierher kommen. Mit 100 selbst gebackenen Bambis. Und dann – sie verteilen: Für Sie alle. Eine Art Kommunion. Aber die Regie hat meine schöne Idee zerredet. Sei es drum. Aber die Sache. Der 9. Oktober in Leipzig 1989. Das war ein Glücksfall der deutschen Geschichte. Viele haben mitgewirkt – und manche richtig geackert. Und dieses Glück können wir nicht einfach bei uns behalten – sondern nur verteilen. Denn jeder kann sich eine Scheibe davon abschneiden: die Niedersachsen, die Bayern, die Schwaben und auch die Bremer. Der 9. Oktober muss zum Nationalfeiertag der Deutschen werden – endlich mit direkter Demokratie. Und im Übrigen: Wir müssen abrüsten – radikal: Schwerter zu Pflugscharen *(Wonneberger zieht eine Fahne mit dem Signet ›Schwerter zu Pflugscharen‹ hervor)*. Wir müssen bewusst verzichten auf Gewalt! Es geht. Und lasst uns teilen lernen, Brot und Arbeit teilen, Reichtum und auch den Himmel.« Beifall im Saal, aber nichts von Euphorie, da spricht ja auch einer fern des Mainstreams. Später sieht Wonneberger in der Video-Aufzeichnung der TV-Gala einige der Gesichter, die der Regisseur des Abends für wichtig hält und einblendet. Wonneberger lacht: »Zu sehen sind während meiner Dankworte Henry Maske und Peter Sodann. Die schauen etwas ratlos aus und sagen sich wohl: Was will der uns denn sagen?«

Geist(lich) vereint

Rainer Eppelmann, ein Weggefährte Wonnebergers, einst Pfarrer in Berlin-Ost, dazu namhafter Dissident, als Wehrdienstverweigerer später sogar der letzte Verteidigungs- und, wie Eppelmann immer wieder betont, vor allem der Abrüstungsminister der zu Ende gehenden DDR, seit Jahren Vorsitzender des Stiftungsvorstandes der Bundesstiftung zur Aufarbeitung der SED-Diktatur, weiß nur zu genau: »Mit Christoph Wonneberger fühle ich mich bis heute im Geiste und geistlich vereint.«

Eppelmann und Wonneberger sind sich schon Anfang der 1980er Jahre sehr nah. Das zwar nicht geografisch, denn die rund 200 Kilometer, die auch damals zwischen Berlin und Dresden liegen, sind ja fast Welten bei einer noch eher unterentwickelten Infrastruktur fernab von Handy und Internet. So kann es eben auch sein, dass Pfarrer Eppelmann von der Samariterkirche in Berlin-Friedrichshain erst ein halbes Jahr später das Papier der SoFd-Initiative seines Kollegen Wonneberger von der Weinbergsgemeinde in Dresden-Trachenberge in die Hände bekommt. Eppelmann weiß noch von seinem Erstaunen vor gut 30 Jahren: »Das darf doch nicht wahr sein, einer unserer Pfarrer macht so was Tolles, und wir hier wissen nichts davon!? Wie schlecht vernetzt sind wir denn, dass ein Pfarrer in Dresden eine so wichtige Aktion startet, und wir haben keinen blassen Schimmer.«

Da hat er sich ins Auto gesetzt, ist zu ihm gefahren, man hat sich unterhalten, vor allem auch über den »Berliner Appell«.

Das Gespräch, das am 27. Januar 1982 bei Wonneberger stattfand, hat die Stasi mit ihrem Spitzel IMS »Matthias Müller«, der in der Weinbergsgemeinde aktiv ist, verfolgt und in den Akten festgehalten. »Eppelmann übergab Wonneberger bei diesem Gespräch 2 Exemplare eines sogenannten Berliner Appells. Er trägt bisher lediglich seine Unterschrift und behandelt folgende Punkte: ›1. Verbot der Herstellung, Einfuhr und Verkauf von Kinderkriegsspielzeug in der DDR, um damit dem Beispiel Schwedens zu folgen und damit das Vertrauen anderer Staaten zu wecken; 2. Verzicht auf die Durchführung von militärischen Demonstrationen anläßlich staatlicher Feiertage; 3. Umwandlung des Wehrkundeunterrichts und der vormilitärischen Ausbildung in einen Friedensunterricht; 4. Prüfung der Möglichkeiten der Leistung eines Sozialen Friedensdienstes als Wehrersatzdienst in der DDR; 5. Aufnahme von Verhandlungen mit der DDR mit der Zielstellung, Mitteleuropa im ersten Schritt zu einer Atomwaffenfreien Zone und im zweiten Schritt zu einer entmilitarisierten Zone werden zu lassen …‹«

Eppelmann nennt Wonneberger einen Impulsgeber für seine eigenen politischen Aktivitäten. Ein weiterer, das müsse laut Eppelmann in diesem Zusammenhang unbedingt Erwähnung finden, sei Hans-Jochen Tschiche, auch Pfarrer, Leiter der Evangelischen Akademie Magdeburg, Gründungsmitglied des Neuen Forums, aktiver Politiker nach 1990. Bezeichnet Eppelmann das SoFd-Papier Wonnebergers rückblickend mehr als »innerkirchliche Aktion«, so nennt er den von ihm und dem wohl berühmtesten DDR-Dissidenten, Robert Havemann, Ende Januar 1982 verfassten »Berliner Appell«, der sich gegen die Hochrüstung in Ost wie West wendet, »einen Schritt weiter gehend«. Der Appell ist laut Eppelmann »zutiefst politisch«, Feststellungen wie »Das geteilte Deutschland ist zur Aufmarschbasis der beiden großen Atommächte geworden« und suggestive Fragen wie »Sollten wir nicht auf Kriegsspielzeug verzichten?« oder »Sollten wir nicht anstelle des Wehrkundeunterrichts an unseren Schulen einen Unterricht über Fragen des Friedens einrichten?« sorgen dann auch für helle Aufregung bei der SED-Führung, die nach der Veröffentlichung des Appells am 9. Februar 1982 in der »Frankfurter Rundschau« quasi die Nerven verliert. Eppelmann, der weithin bekannte evangelische Pfarrer, der mit alternativen Veranstaltungsformaten gegen die Politobrigkeit von sich reden macht – erinnert sei an die legendären Blues-Messen –, der gute Kontakte in den Westen hat, wird festgenommen. Auf Intervention von Manfred Stolpe, Konsistorialpräsident der evangelischen Kirche und damit Chef der Ost-Kirchenleitungen, kommt er nach drei Tagen wieder frei. Damals weiß noch niemand von Manfred Stolpes Kontakten zum Staatssicherheitsdienst.

Auch Wonneberger wird »zugeführt«, nachdem er bei einem Jugendgottesdienst am 14. Februar 1982 in der Dresdner Kreuzkirche den »Berliner Appell« propagiert und zu dessen Unterschrift auffordert. Am 17. Februar wird der Pfarrer der Weinbergskirche von der Polizei abgeholt, aber nicht, wie ihm die Genossen vortäuschen, ins Volkspolizeikreisamt, sondern zur Stasi zur »Befragung« gebracht. Über drei Stunden dauert laut Stasidokument das Verhör. Eine der Fragen lautet: »Welche Personen haben im Ergebnis Ihrer Beeinflussung diese Schrift unterzeichnet? – Wonneberger: Ich bin gegenwärtig nicht bereit, die Namen der Unterzeichner des Appells zu benennen, da ich mich in gewisser Weise für deren Sicherheit verantwortlich fühle.« Und auf die Frage, warum er im Gottesdienst den Appell verbreitet habe und zu dessen Unterzeichnung aufforderte, diktierte Wonneberger der Stasi ins Protokoll: »Ich selbst betrachte die Beschäftigung mit dem Text dieses Appells und die Unterschrift darunter als eine Möglichkeit, die Fragen des Friedens in der gegenwärtigen internationalen Situation mit ihrer Bedeutung für die Entscheidungsfindung in unserem Land zu der Frage, was dient gegenwärtig dem Frieden und was erhöht die Spannungen und damit die Kriegsgefahr. Dieses Gespräch in unserem Land breit und offen zu führen, halte ich für dringend notwendig.«

Anfang der 1980er Jahre ist die DDR noch fest zementiert, SoFd-Initiative und Eppelmann-Appell sind zwei sehr mutige und nachhaltige Aktionen, um dieses Fundament erschüttern zu helfen. Noch sind es aber Einzelne, die oppositionell aktiv sind. Für Eppelmann wie für Wonneberger stellt die Kirche eine unverzichtbare Schutzfunktion dar.

Eppelmann: »Ich war damals schon so bekannt, dass die mich nicht einfach verstecken konnten. Auch hieß es: Wenn der im Knast bleibt, machen wir das zum Thema auf dem KSZE-Treffen, auf dem sich ja Honecker präsentieren wollte. Und, eins sollte man auch nie vergessen: 95 Prozent der DDR-Bürger schauten Westfernsehen. Ohne die westlichen Medien wäre unsere Revolution keine geworden.«

Eigentlich habe das Thema »Frieden«, dem sich die frei denkenden Pfarrer und mit ihnen viele Bürgerrechtler verpflichtet fühlten, den Intentionen der SED-Führung entsprechen müssen. Was laut Eppelmann die Staatsmacht dabei mächtig störte, war die Tatsache, dass an der Spitze der Bewegung nicht der allmächtige Generalsekretär stand, sondern normale DDR-Bürger, die zudem noch Christen waren und sich auf den Propheten Jesaja beriefen. Das, so Eppelmann, das traf die Mächtigen. »Wenn man die Friedliche Revolution auf Personen reduzieren will, so gehört Christoph Wonneberger zu den ganz wenigen, die sie initiiert haben. Wirksam wird die Geschichte meist erst dann, wenn sie die Massen ergreift. Die Masse braucht aber Leute wie Wonneberger, die sie anschiebt, sie ins Laufen bringt. So wie diese 70.000 Menschen, die am 9. Oktober 1989 in Leipzig auf der Straße sind und das Ende der DDR einläuteten. Von nun an ging der SED-Staat nicht mehr mit Gewalt und nicht, wie geplant, mit chinesischer Schneepflugtaktik gegen uns vor, sondern versuchte, beispielsweise mit einem neuen Reisegesetz, uns zu bestechen. Was, wie sich schon bald herausstellte, aber auch kläglich misslang«, sagt Eppelmann, der Berliner. In Bezug auf jenen Montag trage Leipzig den Titel »Heldenstadt« mit gutem Recht.

Eppelmann will Wonneberger nicht zu einem unantastbaren Helden machen, stellt aber fest: »Er hat provoziert so wie Jesus von Nazareth, der doch auch die blanke Provokation gewesen ist. Was, so frage ich mich, hätte denn Jesus 1989 getan?« Mittlerweile 70 Jahre alt, möchte Eppelmann, Politiker und Pfarrer i. R., mit der Causa Wonneberger vor allem an die Versäumnisse der eigenen Kirche erinnert wissen und spricht dezidiert von »Versagen«. Ja, die evangelische Kirche sei »schäbig« mit ihm umgegangen, schon zu Zeiten der Friedensgebete und erst recht dann, als ihn eine schwere Krankheit still gemacht hatte. Eppelmann: »Unser Bonhoeffer hat doch recht: Wer nicht mit den Juden schreit, darf nicht gregorianisch singen. Wonneberger hat mit den Juden geschrien. Andere haben nur gregorianisch gesungen.«

Der Provokateur träumt

Christoph Wonneberger bestätigt Rainer Eppelmann, diesen medienerprobten Revolutionär: »Auch ich wollte immer alles öffentlich machen, weil ich wusste, damit am meisten bewirken zu können. Und ich wollte immer meinen Weg gehen.« So ist er also von seiner Kindheit und Jugend bis ins Heute der »Provokateur«: »Ja, das trifft es schon, provocare bedeutet aufrufen, Einspruch einlegen, herausfordern.« Nichts anderes, wäre zu ergänzen, tut Christoph Wonneberger. Bis ihn der Infarkt »sprachlos« macht. Knapp vier Jahre danach schreibt er über die Revolution, die er mitinitiierte, nieder: »Nachdem war nichts mehr so wie vorher. Von einer Woge mitgetragen, mitgenommen, mitgerissen, strömten die Menschen. Von Montag zu Montag wuchs der Strom. Nach dreimaligem Anlauf wurde der Durchbruch am 9. Oktober geschafft. 40 Jahre DDR waren zu Ende. Wir alle erlebten das **Wunder** von Leipzig. Jetzt bin ich im Ruhestand. Ich habe im Oktober 1989 meine Sprache verloren, durch einen Infarkt. Mit einem Schlag war ich sprachlos und traumlos. Die Friedensgebete gehen weiter in Leipzig. Ich erlebe sie kraftlos. Hat jemand von Ihnen, hier, einen neuen Traum zu verschenken?«

Genau diese Worte sind auch zu hören, als Wonneberger 1993 auf dem Evangelischen Kirchentag in München erstmals wieder den Mut hat, sich coram publico zu Wort zu melden. Den Auftritt im Zelt des *Zirkus Krone* werde er nie vergessen.

Quelle: Christoph Wonneberger

Ich bin Pfarrer geworden, in der DDR, weil ich wahrhaftig
leben wollte.
1980 in Dresden, nach 8 Jahren Tätigkeit als Gemeindepfarrer,
haßte ich es immer mehr, in der herrschenden Lüge zu leben.
Tagtäglich erlebte ich die Vergessenen, Alten, Behinderten, Kranken
einsam in ihrer Ohnmacht. Und ich mußte mit ansehen, wie die
zunehmende Militarisierung des Lebens und Denkens allen
gesellschaftlichen Reichtum zu verschlingen drohte.
Das, was Wirklichkeit war, wurde umgelogen. Da hatte ich einen
politischen Traum:

Ich wollte etwas Abbauen, um etwas anderes Aufzubauen.
Ich wollte den gesellschaftlichen Reichtum umverteilen,
eine lebenswerte Gesellschaft.
Ich wollte einen Sozialen Friedensdienst in der DDR einrichten.

Ich ging in die Öffentlichkeit, um herauszufinden,
ob diese Idee wirklich auf der Höhe der Zeit war.
Gab es genug Menschen, die diese innere Kraft mittragen wollten?
Gab es einen gesellschaftlichen Willen, der stark genug ist,
diese Idee zu verwirklichen?
Das Echo hat mir Recht gegeben.
Mit einer Arbeitsgruppe versuchte ich die sich zeigende
gesellschaftliche Kraft zu bündeln.

Wir sammelten Verbündete in anderen Städten.
Wir sammelten Verbündete in unterschiedlichen gesellschaftlichen Schichten
Wir sammelten Verbündete in einer gemeinsamen größeren Aktion.

Ich plante ein großes Treffen zu Ostern 1982 in mehreren Kirchen Dresden's
Ungefähr 5000 Menschen hatten schriftlich bekundet, diesen Impuls,
Sozialen Friedensdienst, weiterzutragen.

Manuskript der Rede von Christoph Wonneberger auf dem Evangelischen
Kirchentag in München 1993.

II

Jetzt regte sich der Widerstand der Staatssicherheit und
des Staatsapparates. Und beflissen hat die Kirchenleitung
sich mit der höheren Macht identifiziert und mich als Anstifter
kalt gestellt. So wurde das Vorhaben zu Fall gebracht.

Was blieb übrig?
Ich war wütend.
Ich war traurig.
Ich war ergrimmt.
Ergrimmt, wie die Kirchenleitung   soviele
mit ihren lebendigen Hoffnungen erstickt hat.
Das Kind, das gerade sich in ihrem Schoß einzunisten versuchte -
Sie trieb einfach ab. -

Ich trauerte noch sehr lange der verpaßten Gelegenheit meine
Kirche.

Mir selber war ich gewiß, daß ich weitergehen muß. Und ich war
mir gewiß, daß ich jetzt nicht mehr alle Verantwortung zu
tragen habe.

Ich hielt Ausschau nach gehbaren Schritten. Ich suchte nach
einer neuen Struktur unter den Bedingungen der DDR.
Es entstand die Idee der Friedensgebete. Sie sollten dezentral,
wöchentlich und in einer offenen Kirche stattfinden. Noch 1982
entstanden in Dresden, Magdeburg, Rostock, Leipzig und Berlin
Friedensgebete. Das gemeinsame Projekt Friedensgebete wurde zu
einer festen Einrichtung von Friedensgruppen, Umweltgruppen,
Dritte-Welt-Gruppen und später noch Menschenrechtsgruppen.
Die Friedensgebete waren auch Orte für Verabredungen von
gemeinsamen Aktionen.

1986, jetzt Pfarrer im Osten von Leipzig, führte ich die
verschiedenen Gruppen Leipzigs zusammen, um so die Friedensgebete
neu zu beleben. Das gelang.

III

Die Friedensgebete entwickelten zunehmende Ausstrahlung und
Dynamik. Man konnte erleben; je wahrhaftiger eine Gruppe im
Friedensgebet sich zu Wort meldete, desto größer wurde der
staatliche Druck und daraus die folgende innerkirchliche Zensur.
Diese Reaktion war mir sehr wohl bekannt.
Anders als 1982 war dieser Prozeß nicht mehr anzuhalten.
Nur ich bekam meine Beauftragung für die Friedensgebete
aus der Hand genommen. Aber auf mich kam es schon nicht
mehr so an.

Die Zeit war reif. Immer öfter überschritten die Gruppen
die Grenze jenseits der Kirchenmauern. Ein Sog in die
Öffentlichkeit.   Noch eine Verschnaufpause. Die Gruppen
versammeln sich in meiner Kirche im Juli 1989 zum
"statt, d. h. anstelle des offiziellen Kirchentages".

Noch einmal Atem holen und die Kräfte sammeln. Wie eine *letzte*
Vorbereitung für den bevorstehenden Herbst. Eine
unerträgliche Spannung lag in der Luft.

Angst vor Gewalt!   Angst vor Chinesischen Bildern!

In dem Friedensgebet am 25. September 1989 wußte ich,
daß wir einen gewaltfreien Geist notwendig brauchten.
Ich wußte nicht, daß es die innere Vorbereitung für die
1. Straßendemo in Leipzig wird und wurde.

"Keine Gewalt", erschallte der Ruf, "keine Gewalt !"

IV.

Nachdem/war nichts mehr so wie vorher. Von einer Woge mitgetragen, mitgenommen, mitgerissen strömten die Menschen.
Von Montag zu Montag wuchs der Sturm. Nach dreimaligem Anlauf wurde der Durchbruch am 9. Oktober 1989 geschafft // 40 Jahre DDR waren zu Ende.

Wir alle erlebten das "W u n d e r" von Leipzig.

Jetzt bin ich im Ruhestand.
Ich habe im Oktober 1989 meine Sprache verloren,
durch einen Infarkt //
mit einem Schlag war ich sprachlos und traumlos.

Die Friedensgebete gehen weiter in Leipzig. Ich erlebe sie kraftlos.

— Hat jemand von Ihnen, hier, einen neuen Traum zu verschenken?

München, 9. 6. 93

Christoph Wonneberger auf dem Balkon seiner neuen Wohnung nahe am Leipziger Zoo.

Da sitzt Christoph Wonneberger in der Stube der neuen Wohnung gleich am Leipziger Zoo, erinnert sich und genießt vom Balkon den Blick in die City und schaut ab und an ins eigene Archiv, das er heute auch zum Teil elektronisch abrufbar hat. Wonneberger ist gern mal allein, er freut sich aber auch über den Besuch seiner neuen Freundin, die er, keine Frage, auf einer Radtour kennenlernte. Sie ist an der Bergstraße zu Hause. Ob aus der Fernbeziehung mit einem Treff aller vier, fünf Wochen mehr wird, das weiß Wonneberger noch nicht. Wohin geht aber seine eigene Reise? – Er überlegt und sagt: »Mich interessiert unverändert die Idee, anders zu leben. Eine Lebensgemeinschaft finden, die einem nicht zu dicht auf den Pelz rückt, bei der aber über die eigene Familie hinaus auch andere für einen da sind. In der DDR gab es die Hausgemeinschaften und dabei auch solche, die nicht von oben verordnet worden waren. Vielleicht finde ich ja doch noch mein Ideal.«

Derzeit geht sein Blick nach Portugal. Dort gibt es in der Ortschaft Tamara ein Friedensforschungszentrum. In einem Manifest wird für eine »neue Generation auf dem Planeten Erde« geworben. Wonneberger ist eins mit den Forderungen, die darin postuliert sind: »Die Welt befindet sich im Übergang zu einer neuen Form des Lebens auf der Erde. Die alten Diktaturen und Hierarchien sind nicht länger haltbar. Wir erleben den Zusammenbruch der großen Systeme … Die Erde ist heilbar. Es gibt eine Welt, welche unsere Wunden heilt. Dies ist die Welt des unverfälschten Lebens.«

Wonnis Augen leuchten, so als wolle er sagen: »Das ist es, was auch ich wollte und will. Ich muss jetzt nach Portugal.« Warum eigentlich nicht? Vielleicht sogar mit dem Fahrrad? Er ist ja so frei. Diesem Mann ist doch auch im Alter von nunmehr 70 Jahren noch, viel besser, wieder so manches zuzutrauen. Sein Motto? Leben nach dem Prinzip Hoffnung. Annäherung an ein Ideal, das ihm ständig vorschwebt, das er aber doch nie erreichen wird. Das weiß Wonneberger und sagt: »Nie locker lassen, aber doch loslassen können. Aber das ist wohl auch ein Zeichen des Alters.« Früher, so erinnert er sich mit entspanntem Blick auf die Stadt und das Grün davor in seinem Hinterhof, ist er nachts aufgestanden, fertige Sätze gingen ihm im Kopf herum, die musst du erst mal aufschreiben, sagte er sich. Spannung, Anspannung, eben immer auf der geistigen Überholspur und immer auf dem Weg zum Besserdenken. Das war. Heute geht es, zwei Stunden auf dem Balkon sitzen und nur vor sich hindösen. Christoph Wonneberger wähnt sich mit 70 angekommen in einem schon wieder neuen Leben.

Und was bleibt vom Ruhm?

»Wonni« lächelt: »Ich muss mich nicht in den Vordergrund rücken. Gefragt zu sein, ist ja ganz schön, jetzt sind aber andere dran, das Rad der Geschichte weiterzudrehen.« Wonneberger dreht andere Räder. Er fährt Rad, fühlt sich frei dabei, auch weil diese Touren oft nicht ohne inneren Auftrag stattfinden. So trat er für die Deutsche Friedensgesellschaft, deren Mitglied er ist, in die Pedale. »Wonni« ist mit auf Achse für Frieden und Abrüstung und für ein ziviles Europa, fährt 2013 bei der Friedensfahrradtour von Berchtesgaden über Salzburg nach Ansbach. Geld für Waffen und Militär hält er für gänzlich vergeudet. Sein Credo lautet auch da: »Ich bin nie zufrieden mit der Wirklichkeit. Es gibt immer auch noch einen Konjunktiv.«

Ein Mann für's Museum

»Ich bin kein Historiker, nur ein Zeitzeuge. Gerade wurde Martin Luther King erschossen, 1968. Ich war 24 Jahre alt. Der Prager Frühling, 1968, er blühte bis zum 20. August. Mehrmals war ich dort. War Student. Bis in die Nacht noch: geträumt, diskutiert, Vorschläge bedacht, eigene Ideen abgewogen. Am 21. August, statt Frühstück gab es MG-Salven und Panzer. Am Anfang alles kopflos. Ohnmächtige Wut …«, berichtet Wonneberger am 1. März 2012. Er spricht im Zeitgeschichtlichen Forum Leipzig auf einem Workshop vor jungen Leuten zum für die Heldenstadt geplanten Freiheits- und Einheitsdenkmal. Auch über seine Erfahrungen, seine Leitbilder des gewaltfreien Widerstands in der DDR spricht er: »Ich habe gelernt von Gandhi, wie gewaltfreie Aktion funktioniert, damals in Indien. Ich lernte von Martin Luther King, zehn Gebote für die Bürgerrechtsbewegung. Damals in den USA. Darüber hinaus habe ich gelesen, was Theodor Ebert als Professor auf diesem Gebiet alles gesammelt hat … Meine wichtigsten Mitstreiter waren Bausoldaten der ersten Generation, nach 1964. Sie gründeten die ersten Friedensseminare: Königswalde 1973, das Meißner Friedensseminar 1975, das Mobile Friedensseminar im Norden. Diese Aktivisten haben dieses Thema am Kochen gehalten und viele tausend Teilnehmer inspiriert. Viele Jahre … Die meiste Bewegung blieb bis 1988 im Kopf, und auch dort nur unter dem Dach der Kirche … Dann der Tag der Entscheidung. Wir wollten die nötigen gesellschaftlichen Veränderungen herbeiführen helfen, und das gewaltfrei.« Wonneberger erzählt seine Geschichte, die ja deutsche Revolutionsgeschichte ist, sagt abschließend: »Das ist ein Glücksfall der Geschichte. Der verdient Aufmerksamkeit. Der verdient nicht nur ein Denkmal. Sondern das müsste Schule machen. Ja, das müsste jeder in der Schule lernen können.« Beifall.

Ab und an tritt Wonneberger auf, laut tönen ist auch heute nicht sein Ding. Ja, er könnte genau das, aber durchaus. Er lüftet damit noch ein Geheimnis. In der Lukaskirche hinterm Vorhang stehen noch die beiden mächtigen Lautsprecherboxen, die der Technikfreak einst selbst baute, je acht Lautsprecher und gut 60 Kilo schwer. »Die Konzerte bei Lukas, auch die von Stephan Krawczyk fanden damit statt. Wohin nur damit?« Gute Frage. Gute Antwort: Ab ins Museum. Dort ist ja »Wonni« eh schon angekommen, ob nun in der Dauerausstellung des Zeitgeschichtlichen Forums Leipzig oder auch in der Dokumentar-Schau des Bürgerkomitees/ Museums in der Runden Ecke, mit der Leipzigs Weg hin zur Friedlichen Revolution im Herbst 1989 eindrucksvoll nachvollziehbar gemacht wird.

Tobias Hollitzer, heute Leiter des Hauses, hat Wonneberger selbst in Aktion erlebt. Zu Zeiten der Friedlichen Revolution engagiert sich Hollitzer in der Umweltszene, ist aktiv bei der Initiative »Eine Mark für Espenhain« des Christlichen Umweltseminars Rötha unter dem dortigen Pfarrer Walter Christian Steinbach. »Diese Aktion war genau so intelligent eingefädelt wie etwa Wonnebergers sozialer Friedensdienst. Der Staat konnte doch kaum dagegen vorgehen, denn was wollte man denn sagen gegen Menschen, die sich für die Umwelt und eine gute soziale Betreuung einsetzen?«, sagt Hollitzer rückblickend. Für den Chef der Runden Ecke steht

fest: »Wonneberger war Mentor und Spiritus Rector, ohne ihn wäre der Herbst 89 nicht so gelaufen wie wir ihn erleben und mitgestalten konnten. Christoph Wonneberger hätte wirklich gefehlt. Er hatte das Friedensgebet bewusst politisiert. Zutiefst bedauerte ich sein persönliches Schicksal. Wie sich die Kirche ihm gegenüber verhielt, war beschämend, gerade wenn man weiß, dass man den Pfarrer-IM Berger auf Grund einer Krankschreibung in Ruhe, Wonneberger aber fallen ließ. So eine unfaire Parallelität hat mich damals sehr geärgert. Nur gut, dass Wonni seit 2009 wieder zurückgefunden hat in die Öffentlichkeit. So kann er heute selbst gut dazu beitragen, einiges wieder gerade zu rücken.«

Wer ist aber nun **der** Revolutionspfarrer? – Hollitzer, nach einigem Zögern: »Eigentlich ist ja dieses Wort nur eine Wortschöpfung der Journalisten. Wenn aber schon ein Revolutionspfarrer zu benennen wäre, dann käme dafür nur Christoph Wonneberger in Frage. Punkt.« Hollitzer, der mit seinem Verein einen wichtigen Beitrag zur Geschichtsaufarbeitung in Leipzig leistet, will noch anmerken, dass es selbst am »Tag der Entscheidung«, als der der 9. Oktober 1989 mit 70.000 Menschen auf den Straßen Leipzigs gilt, keinen Anführer gab: »Es stand keiner an der Spitze. Die riesengroße Masse, die jetzt sagte ›Es reicht‹, die unabgesprochen in die Stadt ging und für ihr Tun keine Rückversicherung hatte, die war es letztendlich. Den Boden dafür, das muss im gleichen Atemzug aber auch gesagt werden, bereiteten Leute wie Wonneberger und die Bürgerrechtler mit ihren Ideen und ihrem Mut.«

Und »Wonni«, das wäre last but not least zu ergänzen, ist ja auch schon Friedensnobelpreisträger. Als mit dieser Ehre im vergangenen Jahr die Europäische Union bedacht wird, reicht diese Ehre der sächsische Europa-Abgeordnete Hermann Winkler (CDU) mit einer extra geprägten Medaille unter anderem an Christoph Wonneberger aus Leipzig weiter. »Er war unser wichtigster Mann«, heißt es bei einem kleinen Festakt in Leipzig. Der wieder mal Geehrte tritt ans Rednerpult und spricht auch jetzt wie ihm der Schnabel gewachsen ist: »Ich bin ja so frei …«

Nachwort

Die Revolution vergisst oft ihre Väter, nicht alle, aber einen auf jeden Fall – von dem handelt dieses Buch. Vergessen ist vielleicht nicht das richtige Wort, denn ein gar nicht so kleiner Kreis von Freunden und Weggefährten vermag sich kaum vorzustellen, dass irgendjemand ihn – »Wonni« – nicht kennt. Wo er doch an so vielen Aktionen beteiligt war und manche erst angeregt und praktisch durchgesetzt hat. Die Forderung nach einem Wehrersatzdienst als »Sozialen Friedensdienst« (SoFd) war weit mehr als eine die Armee betreffende freche Idee, stellte sie doch die Ermächtigungsgewalt des Staates über seine Bürger an einem brisanten Punkt infrage.

Im Buch wird erzählt, wie Christoph Wonneberger bei der Diskussion über den Wortlaut der Erklärung zum SoFd noch den Satz hineinschreiben wollte, dass die DDR nicht verteidigungswürdig sei. Sein Anteil an den Friedensgebeten und Montagsdemonstrationen wird im Buch ausführlich beschrieben. Seine ideenreiche Handlungsfrechheit zeigt sich immer wieder im Detail: So stieg er beispielsweise einmal ausgerechnet bei den sowjetischen Truppen über den Zaun, um sich ein Stück Stacheldraht zu besorgen, das er dem Gekreuzigten in der Kirche zu Ostern um den Hals legen wollte. Symbolisches und praktisch aufklärerisches Handeln finden bei ihm in ungewöhnlicher Symbiose zusammen. Dennoch fehlt den meisten ehemaligen DDR-Bürgern (und der jüngeren Generation sowieso) jede Erinnerung an Christoph Wonneberger.

Ausgeschlossen von den Medien zu DDR-Zeiten, in kleineren oder größeren Minderheitskreisen agierend, oft nur in kirchlichen oder privaten Räumen, traten einige bei einer Verhaftung oder der Übersiedlung in die Bundesrepublik (meist kurzzeitig) an die größere Öffentlichkeit, andere erst im Staatsabschaffungsendspurt, der von Leipzig ausging.

Wie kommen Geschichten in die Köpfe von Menschen und wie werden sie dort zu erinnerter Geschichte? Zum Beispiel durch eine nah am Menschen erzählte Ereigniskette wie in diesem Buch. Um der Geschichtsdeutung rascher Glaubwürdigkeit zu verleihen, neigen wir oft zu Formeln, die vielleicht richtig sind. In ihrer Abstraktion versiegeln sie aber die Ereignisse hinter den Interpretationen, versperren fast den Zugang zu persönlicher Anteilnahme. Zudem wird Geschichte ja nie als Gesamtheit wahrgenommen, sondern in lauter einzelnen Partikeln, Ereignisstücken, die sich mit dem schon Gekannten zum Verstehbaren, Nachfühlbaren verknüpfen. Dafür helfen eigentlich nur Biographien: als Knotenpunkte, in denen die Großkonflikte sich mit dem menschlichen Handeln Einzelner berühren. Diese Biographie macht neugierig auf den Menschen Christoph Wonneberger, der durch sein Handeln den Geschichtsverlauf aktiv mitgestaltete. Der hier Porträtierte suchte vielfältige Kontakte, die nicht jeder DDR-Bürger zu den seinen zählen konnte – vor allem nach Polen und der Tschechoslowakei. Zum Beispiel fotografierte er 1968 in Prag sowjetische Panzer und schmuggelte Flugblätter über die Grenze. Das Strafmaß für Wonnebergers politische Aktionen in seinem DDR-Leben hätte nach den politischen Paragraphen des Staates wohl mehr als lebenslänglich ergeben, wäre er gefasst worden. Seine Kühnheit verwandelte sich manchmal in Tollkühnheit: Als Student in Rostock stahl er z. B. eine Antenne vom Dach einer staatlichen Einrichtung, um besser Westrundfunk hören zu können. Diese Art der »Kleinkriminalität« berührt – wie (nicht nur) mein West-Bücher-Klau auf der Leipziger Buchmesse – durchaus politisches Protesthandeln. Für Wonneberger hatte der Antennenklau Folgen: Die Staatssicherheit baute aufwändig und perfide ein Druckszenario gegen ihn auf, um ihn anzuwerben. Und Wonneberger unterschrieb – die kurze IM-Geschichte wird im Buch genau beschrieben und es zeigt sich, dass wir es eigentlich mit der Geschichte einer verweigerten Kooperation zu tun haben. Wonnebergers Ausstieg aus der erpressten Zusammenarbeit war offensiv und tollkühn – er lehnte nicht nur weitere Gespräche für sich, sondern auch solche zwischen SED-Staat und Kirche generell ab. Und berief sich auf den Westberliner Bischof Scharf. An dieser Stelle waren die Rostocker Genossen offenbar nicht genau informiert, sie hätten das als Ankündigung staatsfeindlicher Tätigkeit mit mehr als der künftigen Überwachung Christoph Wonnebergers ahnden können.

Natürlich war die DDR auch ein Überwachungsstaat, aber noch mehr einer, in dem die Stasi jedes staatliche Organ für ihre Zersetzungsmaßnahmen nutzen, jede gesellschaftliche Informationsquelle anzapfen und damit missbrauchen konnte. So wurde Wonneberger in die Universität eingeladen – und die Stasi saß da. Zahlreiche Informanten werden später auf ihn angesetzt – mit teilweise perfiden Plänen, sich in das Vertrauen der Familie einzuschleichen. Es zeigt sich, wie wichtig es ist, solche MfS-Akten zusammenhängend auswerten zu können, um nicht auf isoliert dargebotene Seiten hereinzufallen. Als Bürgerrechtler im Spätherbst 1989 in den Stasi-Objekten Akten sichern wollten, sollen Seiten der Wonneberger-Akte schon bereitgelegen haben, mehrfach kopiert. Eigens hingelegt für die Besetzer? Damit sich die Zersetzungsmaßnahmen auch nach dem absehbaren Ende der Stasi durch bruchstückhafte Informationsübermittlung fortsetzen? Lücken lassen Raum für Zweifel. Deshalb ist es gut, dass das Archiv Bürgerbewegung parallel zu dieser Biographie einen eher wissenschaftlich ausgerichteten Band herausbringt, der zahlreiche Dokumente zum Wirken von Christoph Wonneberger versammelt (Andreas Peter Pausch: Widerstehen. Pfarrer Christoph Wonneberger, hrsg. von Uwe Schwabe, Berlin 2014, ISBN 978-3-86331-184-1).

Als Wonneberger seine Geschichte vor einer größeren Öffentlichkeit hätte reflektieren können, traf ihn seine tragische Erkrankung. Er hatte wortwörtlich seine Sprache verloren. Und jeder schämt sich wohl auch der eigenen Angst, selbst dann, wenn er sie überwinden konnte. Das ist Wonneberger sehr schnell nach seiner fatalen Unterschrift gelungen: die Angst zu überwinden. Sein rascher und konsequenter Ausstieg zeigt über die einzelne Lebensgeschichte hinaus, was in der DDR an Widerstand möglich war. Einer von Wonnebergers Weggefährten, der heutige Landesbeauftragte für die Stasiunterlagen in Thüringen, Christian Dietrich, wies mich noch auf einen besonderen Zusammenhang hin: Aus dem Bewusstsein, im Vorhof möglicher Schuld gestanden zu haben, kann eine Quelle größerer Radikalitätsbereitschaft werden. Ein Zitat aus einer Mail von Dietrich an mich erscheint mir sehr erhellend: »In meinen Erinnerungen an Christoph Wonneberger vor seinem Schlaganfall ist er risikofreudig – Bedenkenträger belächelnd und ignorierend – als hätte er gerade bei ihnen eine Rechnung offen und zugleich mit einer fast mystischen Weisheit, um die eigenen Grenzen wissend […] Für mich ist der Anfang seiner Rede im Friedensgebet am 25.09.89 dafür ein Schlüsseltext: Egal was man tut, Gewalt verändert den Menschen. Offenbar kannte er die Verletzung der eigenen Integrität, ja des Ich-Verlustes durch Gewalt. Wie kommt man in der allgemeinen Finsternis ans Licht? Für Christoph Wonneberger waren es kleine, aber außergewöhnlich bewegende Gesten gepaart mit Ironie, manchmal aber auch Beharrlichkeit und Über-Mut.«

Das könnte das Schlusswort gewesen sein. Doch im Herbst 1989 wurde ja das Demonstrationsmonopol des Staates vor allem in Leipzig (aber auch in Plauen und anderen Städten) gebrochen. Jahrelang hatten Umwelt-, Friedens- und Menschenrechtsgruppen immer wieder versucht, auf die Straße zu kommen. Je mehr Kontrolle ein Staat beansprucht, desto gefährlicher sind Demonstrationen für sein Selbstverständnis. Sie widerlegen den Wahn seiner Kontrollhoheit. In jeder größeren Stadt der DDR fanden damals am 1. Mai offiziell organisierte Volksaufmärsche (plus Volksfeste) statt – auch um die Leute demomäßig an solchen Tagen zu beschäftigen und um ihnen durch solche Teilnahmenötigung die Lust am zwanglosen Demonstrieren auszutreiben. Es gab in den Achtzigern einen Fall, bei dem ein Mann mit selbstgebasteltem Plakat zur Kundgebung am 1. Mai ging. Das Plakat war – vorn und hinten – weiß. Festnahme, Verhöre. Es ging nicht um das Geschriebene oder Gerufene, sondern um Möglichkeiten des Gemeinten, des vermeintlich Gewollten. Brutale Machthaber, die Politik durch Gewalt ersetzen, reagieren oft enthemmt aggressiv. Wir sehen das in diesen Tagen in zu vielen Ländern. Zu totalitär inspiriertem Allmachtanspruch neigende Systeme versuchen um fast jeden Preis, ihre Machtmittel zu verbergen und es zu keinen Protesten auf der Straße kommen zu lassen.

Die Geschichte erscheint vielen als ein Netz, das über ihnen gestrickt wird – zu hoch, um es zu erreichen. Am 25. September 1989 geschah der Sprung nach oben – in die Öffentlichkeit außerhalb von Kirchen- oder Wohnungsmauern. Das Netz zerriss: Tausende gingen nach einer furiosen Predigt Christoph Wonnebergers auf die Straße und sahen sich plötzlich als Akteure. Vielleicht war das die schönste Zeit, nicht mehr einzeln zu sein und doch noch nicht in der Masse aufzugehen – die Zeit der entstehenden Großdemonstrationen wie auch am 7. Oktober 1989 in Plauen, als sich auf einmal ohne jahrelange Vorarbeit eine Massendemonstration mit über 10.000 Menschen selbstbewusst dem Rathaus näherte. Es handelte sich dabei um Wochenend- oder Feierabenddemonstrationen – montags nach Arbeitsschluss. Das ist schon sehr deutsch, aber gleichzeitig klug und vorausschauend. Die Erregung zügelte sich durch das Erfolgsbewusstsein, sich auf der Straße halten zu können. Und alle ahnten: Das hier darf kein gewaltsamer Aufstand werden. Die Leipziger demonstrierten 1989 auch die Fähigkeit zur Disziplin. Auf Außenstehende aus Ländern mit jahrzehntelanger Erfahrung in leidenschaftlichen Auseinandersetzungen mit dem Staat mag das sehr gedämpft und gehemmt gewirkt haben, wie sich am 9. Oktober in Leipzig 70.000 Menschen trotz der Gerüchte über bereitgestellte Blutpräparate und Leichensäcke zusammenfanden – und in einer so gar nicht auftrumpfenden Entschlossenheit Präsenz zeigten. Noch mit viel Angst vor den Folgen, aber beseelt von der Überwindung der eigenen Angst. Ein paar Tage später trat der Staatsratsvorsitzende Erich Honecker zurück, das Machtdomino kippte Stein für Stein. Wo einer klemmte, stupsten die Demonstranten helfend nach.

Christoph Wonneberger hat nicht nur die furiose Rede am 25. September gehalten. Er hat mit und neben anderen Bürgerrechtlern und Menschen, die erst in jenen Tagen zu solchen wurden, eine praktische protestorganisierende Arbeit geleistet. Bei allem Befeiern der Friedlichen Revolution gerät diese jahrelange Vorarbeit zu kurz. Aber ohne die Friedensgebete wäre die spezifische Protestkultur Leipziger Art schwer möglich gewesen. Noch vor dem entscheidenden 9. Oktober 1989 verfasste Wonnerberger mit anderen Vertretern der unabhängigen Gruppen einen Aufruf zur Gewaltlosigkeit, der als Flugblatt bei der Demonstration tausendfach verteilt worden ist. Und nicht nur das – der Aufruf erschien am 9. Oktober in der Westberliner *taz*. Und nicht erst hier kamen westdeutsche Medien ins Spiel, die oft in West–Berlin ansässig waren und manchmal mit Redakteuren arbeiteten, die selbst aus der Bürgerrechtsszene stammten. Wie oft wurde die *taz*-Meldung am 9. Oktober 1989 zitiert? Ich kann mich erinnern, sie im Rundfunk gehört zu haben. Wie viele Leipziger haben sie im RIAS oder im Deutschlandfunk gehört?

Es gibt immer wieder einmal Meldungen, dass die DDR ein „überforschtes" Gebiet sei. Eine merkwürdige Beobachtung, wenn man bedenkt, dass es bisher keine Studie gibt, die so simple Fakten untersucht wie: Ab wann und wie ausführlich tauchen Dokumente der Leipziger Bürgerbewegung im Herbst 1989 in den Agenturmeldungen von AFP, AP, dpa oder Reuters auf? Oder eben nicht? Wer wertet einmal die

Rundfunksender vergleichend aus? So könnte man ermitteln, inwieweit der mediale Westen an den Vorgängen in Leipzig wirklich interessiert war. Am 9. Oktober 1989 schmuggelten zwei Berliner Bürgerrechtler die Filmaufnahmen von der wichtigsten Demonstration in der Geschichte der DDR zu den Westmedien – ein spannender und riskanter Vorgang, der so erfolgreich endete wie die Montagsdemo: mit der Ausstrahlung der historischen Aufnahmen in den *tagesthemen*.

Und Christoph Wonneberger gab live ein Telefoninterview, mehr war technisch noch nicht drin. Er gab an jenem Abend den Demonstranten von Leipzig eine Stimme und ein Gesicht, wenn es auch nur per Foto eingeblendet werden konnte. Er hat nichts Sensationelles gesagt, aber diese Nachrichten selbst waren eine Sensation. Jeder wusste nun: Nichts im Staate DDR würde mehr sein wie vorher – auch wenn die meisten damals noch nicht zu glauben gewagt hätten, dass nur ein Jahr später gar kein DDR-Staat mehr da sein würde.

Lutz Rathenow   Dresden, Februar 2014
Sächsischer Landesbeauftragter
für die Stasi-Unterlagen

Zum Autor

Thomas Mayer, geboren 1949 in Freital bei Dresden, war ab 1972 als Journalist für das Sächsische Tageblatt zunächst im früheren Karl-Marx-Stadt, später für diese Zeitung in Dresden und ab 1980 in Leipzig tätig. Von 1991 bis 2012 wirkte er als Chefreporter der Leipziger Volkszeitung. Mayer ist vor allem für seinen klar nachfragenden, aber gleichermaßen einfühlsamen Umgang mit Zeitzeugen der deutschen Geschichte des 20. Jahrhunderts bekannt. 2000 wurde er mit dem Preis für die Freiheit und Zukunft der Medien der Medienstiftung der Sparkasse Leipzig ausgezeichnet.